La CEDEAO face au terrorisme transnational

Mécanismes et stratégies de lutte

Afrique : politiques publiques, sécurité, défense

Collection dirigée par Dominique BANGOURA

Cette collection a pour objet de publier des analyses qui portent sur l'ensemble des politiques publiques en Afrique : politiques sociales, sécuritaires, étrangères, de défense etc. ayant vocation à assurer la paix civile, la paix entre les Etats et le développement sur le continent. Elle donne un éclairage nouveau sur les acteurs internes, régionaux, internationaux, non-gouvernementaux et transnationaux intervenant dans ces domaines, sur les rivalités en jeu, les intérêts contradictoires et les menaces, sur les crises politiques et les conflits armés. Enfin, elle identifie les importants défis à relever et les alternatives possibles.

Déjà parus

GALLON Kémonthé Marius-Jonas, *Les migrants environnementaux en Côte d'Ivoire. Quels droits, quelles protections ?* 2016.

YEO Wozanhou Benjamin, *La modernisation de l'administration publique en Côte d'Ivoire. Politiques de réforme de la fonction publique (1957-2015)*, 2016.

OGUI COSSI Gaston, *Cohabitation interculturelle au Bénin, Poids des préjugés ethniques et quête de la paix*, 2014.

Alfred BABO, *L'« étranger » en Côte d'Ivoire, Crises et controverses autour d'une catégorie sociale,* 2013.

Ibrahima BAH, *Les transitions politiques en Guinée de son indépendance à 2010,* 2013.

Lassina DIARRA

La CEDEAO face au terrorisme transnational

Mécanismes et stratégies de lutte

L'Harmattan

Du même auteur

Terrorisme international. La réponse de la Côte d'Ivoire, L'Harmattan, 2016.

5-7, rue de l'Ecole-Polytechnique, 75005 Paris

http://www.harmattan.fr
diffusion.harmattan@wanadoo.fr

ISBN : 978-2-343-09147-1
EAN : 9782343091471

« Ce ne sont pas ceux qui font le mal qui le rendent insupportable, mais ceux qui regardent et laissent faire ».
Albert Einstein

A la mémoire de mon père, DIARRA Mamadou.

Que la terre te soit légère.

REMERCIEMENTS

A Madame Dominique BANGOURA,
Docteur d'Etat en Science politique,
Habilitée à diriger des recherches (HDR),

Je tiens à vous adresser un remerciement particulier et sincère.

Durant la rédaction de cet ouvrage, vous m'avez, de par votre rigueur et votre ouverture d'esprit, fait profiter de votre talent qui est une référence internationale en matière de recherche scientifique.

Votre sagesse doublée d'une bonne de dose d'humilité m'a permis d'acquérir les rudiments nécessaires pour la recherche scientifique à laquelle j'ambitionne de consacrer toute ma vie.

Etant donné que je suis toujours au stade d'apprentissage, je vous prie de me garder dans vos bras, afin que je continue de m'abreuver dans votre étendu et intarissable fleuve du savoir.

Je vous remercie du fond du cœur pour tout ce que vous avez fait et continuez de faire pour moi.

Que le Tout-puissant vous guide et vous protège…

REMERCIEMENTS

Je tiens à rendre grâce à toutes les personnes qui ont eu l'amabilité de me manifester leur soutien, aussi bien matériel, moral, qu'intellectuel durant la réalisation de ce modeste travail. Je vous suis sincèrement reconnaissant. Ce travail est en partie le vôtre.

Mes remerciements vont à l'endroit :

de Docteur ESSIS Marc, chef du Département de Science politique de l'Institut Universitaire d'Abidjan (IUA) ;

de Docteur AKA, Directeur de l'Institut, qui a mis à notre disposition une équipe de professeurs dynamique et prête à se sacrifier pour la cause estudiantine ;

de tous les professeurs et au personnel de l'IUA ;

des agents de la direction de la sécurité d'Etat du Mali ;

de Samaké Sidi Aboubacar, procureur du pôle judicaire spécialisé au Mali ;

de Kané Souleymane, secrétaire général au ministère de la Justice du Mali ;

du Colonel Diarra Check Tidjane, sous-directeur de l'instruction de l'armée malienne ;

de Serge Daniel, auteur de *Les mafias du Mali, trafics et terrorisme au Sahel ;*

de Madame Bamba, responsable à la représentation diplomatique de la CEDEAO à Abidjan ;

de Lacina Sanogo pour ses soutiens financiers et conseils ;

de Sanou Amadou, frère et ami, pour ses conseils et ses encouragements ;

de Madame Ahoua Calton, ancienne porte-parole adjointe du Rassemblement des Républicains (RDR) ;

de Sangaré Aminata, ma cousine et guide à Bamako ;

de Sangaré Amadou, mon oncle qui a mis tout en œuvre pour le succès de ce travail.

SIGLES ET ABREVIATIONS

AQMI : Al-Qaïda au Maghreb Islamique

CAERT : Centre Africain d'Etude et de Recherche sur le Terrorisme

CBLT : Commission du Bassin du Lac Tchad

CCPAO : Comité des Chefs de Police de l'Afrique de l'Ouest

CEDEAO : Communauté Economique des Etats de l'Afrique de l'Ouest

CIA : Central Intelligence of America

CO : Centre des Opérations

COPAX : Conseil de Paix et de Sécurité de l'Afrique Centrale

CPC : Commission pour la Prévention du Crime

CPI : Cour Pénale Internationale

CPJC : Centre de Prévention et de Justice Criminelle

CPS : Conseil de Paix et de Sécurité

DECT : Direction Exécutive du Comité contre le Terrorisme

DSE : Direction de la Sécurité d'Etat

DGSE : Direction Générale de la Sécurité Extérieure

DOMP : Département des Opérations de Maintien de la Paix

ECOMOG	: Ecowas Monitoring Group
EUCAP	: European External Action Service
EUTM	: European Union Training Mission
FAC	: Force en Attente de la Communauté
FIS	: Front Islamique du Salut
FMM	: Force Multinationale Mixte
GIA	: Groupe Islamique Armé
GIABA	: Groupe Intergouvernemental d'Action contre le Blanchiment d'Argent en Afrique de l'Ouest
GSPC	: Groupe Salafiste pour la Prédication et le Combat
ISR	: Intelligence Surveillance and Reconnaissance
JTF	: Joint Military Task Force
MAA	: Mouvement des Arabes de l'Azawad
MAOC-N	: Centre d'opération et d'analyse maritime de lutte contre le trafic de dogue
MIA	: Mouvement Islamique de l'Azawad
MINUSMA	: Mission Multidimensionnelle Intégrée des Nations Unies pour la Stabilité du Mali
MNLA	: Mouvement National pour la Libération de l'Azawad
MUJAO	: Mouvement pour l'Unicité et le Djihad en Afrique de l'Ouest
ONUCI	: Opération des Nations Unies en Côte d'Ivoire

ONUDC : Office des Nations Unies contre la Drogue et le Crime

ORIC : Office des Renseignements d'Investigations Criminelles

OTAN : Organisation du Traité de l'Atlantique Nord

PAM : Pacte d'Assistance Mutuelle

PDS : Parti Démocratique Sénégalais

PNUD : Programme des Nations Unies pour le Développement

PSI : Pan-Sahel Initiative

PSDC : Politique de Sécurité et de Défense Commune

PSPSDN : Programme Spécial pour la Paix, la Sécurité et le Développement dans le Nord du Mali

RESAO : Réseau des Structures Electorales de l'Afrique de l'Ouest

RFI : Radio France Internationale

SDS : Stratégie de Développement et de la Sécurité dans les zones Sahélo-sahariennes

SPT : Service de la Prévention du Terrorisme

TSCTP : Trans-Sahara Counterterrorism Partnership

UA : Union Africaine

UE : Union Européenne

UNOWA : United Nations Office for West Africa

SOMMAIRE

INTRODUCTION GENERALE

I- CONTEXTE GENERAL

Cette recherche s'inscrit dans le contexte global de la paix et de la sécurité internationale. Après les deux grandes Guerres mondiales et la période de la guerre froide, marquées par des conflits sanglants et cinglants, le monde se trouve à nouveau confronté à un déficit sécuritaire sans précédent. Cette fois-ci, avec des ennemis non territorialisés, à succursales diverses et qui s'inspirent d'un islam violent et radical. Il s'agit du terrorisme religieux. En effet, l'émoi qu'il suscite a favorisé la mise en place de doctrines militaires, diplomatiques et politiques par des puissances et des organisations internationales à vocation mondiale, régionale et sous-régionale. L'espace ouest-africain, autrefois confronté essentiellement à des crises politiques et à d'autres formes de criminalité est fortement menacé par le phénomène, pour lequel la vie humaine n'a aucune signification. La recrudescence des crises politiques et sociales et l'expansion vertigineuse de la menace dans la bande sahélienne ont amené la Communauté Economique des Etats de l'Afrique de l'Ouest (CEDEAO), en tant qu'institution sous-régionale, à réviser son traité fondateur afin d'apporter une réponse appropriée.

II- DEFINITION DES CONCEPTS

Etymologiquement, le terrorisme vient du mot latin « terrere » qui signifie faire trembler. Cependant, au regard des enjeux géopolitiques, géosécuritaires et géostratégiques, il fait l'objet de nos jours de plusieurs définitions par des organisations internationales et des puissances fortement impliquées dans la lutte contre le fléau. Selon le dictionnaire Universel, le terrorisme est l'usage systématique de la violence (attentats, destructions, prises d'otages) auquel recourent certaines organisations politiques ou mouvements à caractère religieux pour favoriser leurs desseins. Le département de la Défense américain le définit comme « l'utilisation calculée de la violence ou de la menace afin de susciter la peur dans des buts généralement politiques, religieux ou idéologiques ».

Même si l'Organisation des Nations Unies (ONU) n'a pas encore élaboré une définition, elle a accordé tout de même du crédit à celle donnée par l'expert Alex P. Schmid. Pour lui, le terrorisme est : « une méthode d'action violente répétée inspirant l'anxiété, employée par des acteurs clandestins individuels, en groupes ou étatiques (semi-) clandestins, pour des raisons idiosyncratiques, criminelles ou politiques, selon laquelle par opposition à l'assassinat, les cibles directes de la violence ne sont pas les cibles principales. Les victimes humaines immédiates de la violence sont généralement choisies au hasard (cibles d'occasion) ou sélectivement (cibles représentatives ou symboliques) dans une population cible, et servent de générateurs de message. Les processus de communication, basés sur la violence ou la menace entre les (organisations) terroristes, les victimes (potentielles), et les cibles principales sont utilisés pour manipuler le public, cible principale, en faisant une cible de la terreur, une cible d'exigences, ou une cible d'attention, selon que l'intimidation, la coercition, ou la propagande, est le premier but[1]». La CEDEAO, le champ de notre étude, n'a pas encore élaboré sa définition, mais celle admise par l'ONU semble lui convenir.

L'absence d'une définition universelle montre la complexité à conceptualiser le phénomène. Les interprétations idéologiques, la volonté d'introduire, lorsqu'il est fait usage du terme, notamment par les Etats, une connotation diabolisante, tout concourt à brouiller les pistes. Peut-être faut-il commencer par rappeler que l'usage de la terreur sert à terroriser. Historiquement, c'était le rôle de la force organisée : Etats ou

[1] Alex P. SCHMID, JONGMAN Albert, *Political terrorism*, New Brunswick, Transaction books, 1988, 432 pages.

armées, du moins lorsqu'il s'agissait des régimes despotiques. C'est toujours le cas dans les pays non démocratiques où la terreur est souvent utilisée contre la population civile.

Elle a été également utilisée depuis l'Antiquité au nom des religions. La terreur sacrée[2] est un phénomène historique récurrent. L'exemple le plus notoire est dans le judaïsme, celui des Zélotes, également appelés les sicaires, au premier siècle. Cette secte assassine contribua à provoquer une rébellion contre l'occupation romaine dont l'une des conséquences fut la destruction du deuxième temple. La secte ismaélienne des Assassins s'illustre à cet égard au sein de l'islam. Durant deux siècles[3] (1090-1272), elle pratiqua l'assassinat politique à l'arme blanche à l'encontre des dignitaires musulmans.

Même si les victimes du terrorisme pouvaient se compter par dizaines de l'Antiquité à l'époque contemporaine, il faut dire que le phénomène a pris une dimension très inquiétante au début du troisième millénaire. Il représente, aujourd'hui, la menace la plus sérieuse à la sécurité internationale. En effet, les premières années du troisième millénaire ont profondément bouleversé l'ordre mondial. Suite à la conjonction et à l'imbrication de facteurs à la fois multiples et majeurs, le monde a plus que changé, il s'est transformé. Incontestablement, au cœur des grands bouleversements qui affectent le système mondial, se situent des modifications géopolitiques et géostratégiques, de fortes amplitudes telluriques. Précisément, l'un des facteurs perturbateurs à la base de la nouvelle donne géopolitique mondiale demeure le terrorisme. Ce dernier est à l'ordre du jour de la vie géopolitique, géostratégique et diplomatique mondiale, en

---

[2] Gérard CHALIAND, Arnaud BLIN, *Histoire du terrorisme de l'Antiquité à Al-Qaïda pour comprendre les menaces nouvelles*, Paris, Bayard, 2004, 642 pages.
[3] Op.cit.

même temps qu'il inspire bien des dynamiques et doctrines militaires[4].

Depuis le 11 septembre 2001, le phénomène prend une dimension importante, suscitant des angoisses et des questionnements sur la certitude d'un monde de paix. Il enjambe les frontières nationales et régionales avec une seule obsession, semer la terreur et la désolation au moyen de la violence inouïe qui semble avoir transformé le monde en un éventuel champ de bataille[5]. Autrement dit, aucun Etat, aucune région du monde n'est épargnée par ce fléau.

A l'instar des autres parties du continent et du monde, l'espace ouest-africain est ostensiblement menacé. Il est confronté à une multitude de défis d'ordre sécuritaire, matérialisés ces dernières années par la montée en puissance de l'extrémisme religieux et de l'islamisme radical dans sa bande sahélienne. A cette nouvelle menace s'ajoutent des trafics en tous genres (êtres humains, drogue, prolifération des armes légères et de petit calibre, criminalités transfrontalières organisées) sans oublier les conflits interétatiques et intra-étatiques qui semblent prendre naissance dans les années 1970 et qui se sont exacerbés après la guerre froide (Sierra-Léone, Libéria, Côte d'Ivoire).

Pour juguler cette menace, il convient de mettre en œuvre des politiques sécuritaires efficaces qui transcendent les égoïsmes nationaux au profit d'une vision globale basée sur le partage d'informations et de concertations. Cette exigence est dictée par le caractère transversal des problèmes de sécurité qui traversent les frontières et qui se nourrissent de la faiblesse des Etats.

---

4 Massaër DIALLO, *La criminalité transfrontalière en Afrique de l'Ouest : la montée et l'hybridation des menaces en Afrique de l'Ouest et au Sahel : Un nouveau défi stratégique*, colloque international sur les armes tenu du 9 au 11 décembre 2011 à Dakar.

5 Pascal BONIFACE, *La géopolitique, les relations internationales*, Paris, Eyrolles, 2011, 199 pages.

Ce péril fait peser d'énormes menaces sur les Etats et par delà la vie de quelque 290 millions d'habitants, établis sur une superficie de 6.140.000 km². Ainsi, des réponses repensées, renforcées et concrètes doivent être apportées par la Communauté Economique des Etats de l'Afrique de l'Ouest (CEDEAO) créée par traité en 1975 par seize Etats. Prenant la mesure du danger, elle a mis en place des mécanismes et des stratégies qui sont des moyens de coordination des actions entre elle et les entités nationales d'une part, et entre elle et les structures ou des Etats au-delà de ses frontières, d'autre part. Le levier des actions de l'institution est le Traité révisé de 1993 à Cotonou, le Mécanisme de prévention, de gestion et de règlement des conflits, contenu dans le protocole de décembre 1999 et celui sur la démocratie et la bonne gouvernance de 2001 signé à Dakar (au Sénégal).

Ces instruments juridiques prévoient, entre autres, le renforcement de la coopération policière et judiciaire entre les Etats membres et la création ou l'opérationnalisation de la Force armée en attente, rebaptisée la Brigade en attente, conformément aux exigences de l'Union africaine (UA).

Pour rappel, le Conseil de paix et de sécurité de l'organisation continentale, s'inquiétant de la capacité de nuisance et du risque de déstabilisation que l'expansion de l'islamisme fait peser sur les Etats africains, a demandé l'accélération de la mise en place des forces sous-régionales.

III- REVUE DE LA LITTERATURE

Le terrorisme est, de nos jours, l'un des sujets stratégiques abondamment traités par des chercheurs, des politiques et particulièrement les médias. De ce fait, il fait l'objet de nombreuses publications. Les publications abordent plusieurs aspects du phénomène : ses origines, sa description et les effets qu'il suscite.

Gérard Chaliand et Arnaud Blin[6], retraçant l'origine du phénomène, suggèrent un traitement objectif, impartial, débarrassé de toute ambition politique, économique et militaire. Car, celui-ci n'étant pas paru ex-nihilo, les réflexions doivent être menées pour trouver les causes et les motivations véritables, afin d'apporter des réponses adéquates et appropriées.

Abondant plus ou moins dans le même sens, Marc Juersgensmeyer[7] a, à travers des enquêtes auprès de plusieurs groupes de différentes obédiences religieuses, affirmé que le terrorisme est un phénomène plus social que religieux. Pour lui, les acteurs sont mus par une grande déception, après la faillite des promesses, des progrès sociaux venus de tous bords, que ce soit de l'Occident ou des Etats laïcs. Etablissant une distinction entre la violence terroriste et les violences publiques, l'auteur indique que la violence terroriste s'avère moralement justifiée, car elle « vise à corriger une forme d'injustice ». C'est pourquoi, poursuit-il, le terrorisme est utile à la religion ; grâce à lui, les organisations terroristes et leurs idées ont de nouveau leur place dans la vie publique. Dans la dernière partie de son ouvrage, l'auteur invite les acteurs religieux et les autorités étatiques au changement de comportements et de finalités.

Mohamed Mohadden[8] estime que le terrorisme relève de l'imposture. Pour lui, les terroristes exploitent l'ignorance d'une partie des musulmans pour faire perpétuer leurs stratégies de renflouement de caisse par des pratiques illicites, notamment le trafic de drogue, des prises d'otages, des trafics d'êtres humains et d'organes humains.

---

[6] Gérard CHALIAND, Arnaud BLIN, op.cit.

[7] Marc JUERSGENSMEYER, *Au nom de Dieu, ils tuent,* Paris, Frontières, 2003, 239 pages, Traduction de Nedad Savic du livre *Terror in the mind of God.*

[8] Mohamed MOHADDEN, *Al-Qaïda-Maghreb islamique : Contrebande au nom de l'islam*, Paris, Seuil, 2010, 211 pages.

Cependant, Paul Landau[9] établit une corrélation entre le fanatisme et l'idée de Dieu. Pour lui, Dieu est un « opium » dont l'usage met l'individu dans un second état, prêt à vendre chèrement sa peau pour défendre sa conviction et le culte qu'il voue en lui. Restant logique à sa pensée, il affirme que, le fait pour des individus de se déposséder de leur être (attentats kamikazes, attentats à la bombe, assassinats ciblés) au nom du sacré relève d'une « absurdité très grande ».

Mathieu Guidère et Nicole Morgan[10] exposent des esquisses de discours tenus par des idéologues pour allumer la flamme du djihad. Les idéologues musulmans axent leurs discours sur deux piliers fondamentaux, à savoir la politique conspiratrice de l'Occident contre l'islam et la nécessité de fonder une société mondiale fondée sur les valeurs politiques, culturelles et sociales de l'islam comme préconisées par le prophète. Pour y arriver, ils enseignent des méthodes de guerre (guérilla), d'acquisition des armes et l'effort suprême, matérialisé par le don de soi sur le chemin d'Allah.

Gérard Hervouet[11], Gordon Mace et Nicolas Contessi affirment que le terrorisme et l'insurrection sont indissociables. Sans exclure les interventions militaires dans la résorption du fléau, ils invitent, cependant, les uns et les autres à explorer le volet civil, qui articule l'aide au développement et le renforcement des capacités de l'Etat.

Serge Daniel[12] met en exergue l'imposture des organisations terroristes au Mali car elles se servent de la religion musulmane pour masquer leurs actions mafieuses. Lesquelles sont commises pour assouvir leurs quêtes effrénées de biens matériels. L'auteur s'insurge contre le mutisme de la

---

[9] Paul LANDEAU, *Pour Allah jusqu'à' la mort : Enquête sur les convertis de l'islam*, Paris, Du Rocher, 2008, 232 pages.

[10] Mathieu GUIDERE, Nicole MORGAN, *Le manuel de recrutement d'Al-Qaïda,* Paris, Seuil, 2007, 267 pages.

[11] Gérard HERVOUET, Gordon MACE, Nicolas CONTESSI, *Terrorisme et insurrection*, Presse de l'université du Québec, 2013, 278 pages.

[12] Serge DANIEL, *Les Mafias du Mal, trafics et terrorisme au Sahel,* Paris, Descartes Cie, 2014, 320 pages.

Communauté des Etats de l'Afrique de l'Ouest et contre l'incapacité de l'Union africaine à pacifier la zone désertique malienne en proie à une instabilité chronique.

IV- CHOIX ET INTERET DU SUJET

En choisissant cette thématique, notre objectif est multiple. D'abord, pour nous, le Mécanisme de la CEDEAO sur la prévention et la gestion des conflits, considéré comme le principal levier, a besoin d'être réinterrogé au regard de l'évolution récente des événements au Mali et au Nigéria. Ces événements, rappelons-le ont occasionné des conséquences indicibles, presqu'à tous les niveaux, notamment aux plans politique et psychologique. D'où, des questionnements sur la capacité opérationnelle de l'institution à garantir la sécurité de sa population. Ensuite, il importe de contribuer par une analyse approfondie à l'émergence d'une architecture politique et sécuritaire sous-régionale et internationale, capable d'endiguer la menace terroriste.

L'intérêt de notre travail réside en ce qu'il est d'abord une analyse en science politique, s'intéressant aux questions de défense et de sécurité internationale. Il s'agit de contribuer objectivement, par des analyses et orientations, à lutter efficacement contre le terrorisme, devenu une préoccupation essentielle des diplomates, des stratèges militaires, des politiques et du citoyen.

V- PROBLEMATIQUE

Dans un monde constamment en proie à une très grande instabilité et menacé d'anéantissement, la gestion des crises devient synonyme de survie. Les conflits post-seconde Guerre mondiale ont provoqué des millions de morts. L'Afrique particulièrement, notre zone, n'a pas été épargnée. En effet, depuis l'accession à l'indépendance, les populations des Etats ouest-africains sont confrontées à des conflits très meurtriers. Dans ce contexte, la prise en compte des questions relatives à la sécurité de la région par la CEDEAO avait été perçue par la population comme une panacée contre l'insécurité permanente et galopante. Car, elle avait pour objectif de promouvoir l'intégration sous-régionale et de s'imposer comme une alternative crédible à la persistance des crises, en se dotant d'instruments militaires et sécuritaires. Cependant, l'étude sur l'efficacité de l'architecture sécuritaire de l'organisation soulève de nombreuses appréhensions. En effet, quarante ans après sa création, les conflits politiques subsistent, auxquels s'ajoute la menace terroriste, nonobstant l'existence du Mécanisme de prévention. Alors, nous sommes en droit de nous interroger si, en l'état actuel de son fonctionnement, la CEDEAO peut efficacement lutter contre le terrorisme.

D'où vient le terrorisme, quelle est la nature de cette menace et comment se manifeste-t-il ?

La CEDEAO en tant qu'institution sous-régionale dispose-t-elle de moyens efficaces pour lutter contre le terrorisme, d'autant plus que des Etats membres sont confrontés à une fragilité politique et institutionnelle très criante ?

L'endiguement ou l'éradication du phénomène ne réside-t-il pas aussi dans une coopération au-delà du cadre sous-régional ?

VI- METHODOLOGIE

Pour aborder cette problématique, nous recourons à la méthode qualitative, c'est-à-dire interroger des experts, des spécialistes et les services de sécurité des Etats (l'armée, les services des renseignements généraux, la gendarmerie, des officiers d'Interpol).

Des visites de terrain sont également au cœur de notre démarche. Nous choisissons de nous rendre dans deux Etats d'Afrique de l'Ouest en proie à une insurrection terroriste

(Nigéria et Mali). A cet effet, le Nord du Mali représente une destination particulière pour nous, car les événements survenus dans la partie septentrionale de ce pays posent la problématique de connexion probable entre le terrorisme et les rébellions et l'implantation de celui-ci consécutif au chaos sécuritaire.

En outre, la documentation est d'une importance capitale. Elle se compose essentiellement des ouvrages généraux et spécialisés, d'articles et revues scientifiques, des rapports des ONG internationales. Le phénomène étant lié à l'islam, nous exploitons le Coran, les hadiths, la sunna du prophète Mahomet et des travaux doctrinaires.

Aussi, le caractère transnational du fléau exige-t-il de scruter ou de recourir aux mécanismes de résolution arrêtés par des puissances (France, Etats-Unis) et des organisations internationales (ONU, UA, UE) et sous-régionales (CEDEAO, CEEAC). Ils sont, pour la plupart, compilés dans des documents stratégiques, des communiqués de réunions ou de sommets, des protocoles, des chartes. Au milieu de ce foisonnement de sources, nous devons opter pour une démarche analytique et critique.

Dans la mise en œuvre de notre méthode de travail ci-dessus présentée, nous nous sommes heurtés à deux obstacles majeurs. Il s'agit des sources et du caractère sensible de la thématique.

D'abord, les sources. Bien qu'il existe une publication abondante sur le terrorisme, il n'existe pas de publication sur le phénomène touchant directement la CEDEAO, à l'exception des communiqués de presse des différents sommets, des colloques et des séminaires.

Ensuite, le caractère sensible de la question. Les autorités en charge des questions de sécurité et de défense sont réservées pour aborder la question du terrorisme car elle engage au plus haut niveau la sécurité intérieure et extérieure de l'Etat.

Ainsi, notre travail de recherche sera subdivisé en trois parties : la première, sera axée sur l'historique et l'impact des groupes terroristes en Afrique de l'Ouest. Quant à la deuxième, elle sera essentiellement centrée sur l'examen des réponses institutionnelles, politiques et militaires de la CEDEAO. Enfin, la troisième partie s'évertuera à critiquer les mécanismes et les stratégies de l'organisation sous-régionale et à proposer des orientations pour donner plus de vigueur et de cohérence à la lutte.

TITRE 1

L'HISTORIQUE ET L'IMPACT DES GROUPES TERRORISTES EN AFRIQUE DE L'OUEST

Géographiquement, le Sahel africain s'étendant de l'Océan Atlantique à la Mer rouge, fait la transition entre le Sahara, le plus grand désert du monde où il est pour le moment impossible de produire les cultures vivrières (riz, banane, maïs) et l'Afrique subsaharienne. Les risques climatiques, sources de sécheresse et d'insécurité alimentaire chronique ont plongé le peu de populations qui y habitent dans le dénuement, laissant le champ libre à toutes sortes de trafics et l'installation de nombreuses organisations terroristes, notamment les Shabbab en Somalie.

D'un point de vue singulier, la bande sahélo-saharienne de l'Afrique de l'Ouest étant un trait d'union entre l'Afrique blanche et l'Afrique du Sud et le Moyen-Orient, est l'objet de convoitise de nombreuses organisations terroristes. Elle est devenue ces dernières années un lieu par excellence de repli et de refuge des criminels, sans doute du fait de la faible densité de la population, de la faillite ou de la fragilité des Etats et de l'effondrement des économies, créant les conditions favorables à la corruption et à l'éclosion de la violence. Au-delà du facteur naturel et politique, les événements intervenus dans le monde arabo-africain (la chute de Mouammar Kadhafi, le printemps arabe en Tunisie et en Egypte et la rébellion touarègue) ont permis à certains mouvements terroristes de prendre appui pour s'imposer comme le relai africain d'Al-Qaïda. Alors, quels sont-ils ? Quels sont leurs champs de prédilection ? Pour répondre à ces interrogations, nous les présenterons ainsi que les conséquences qu'ils engendrent.

CHAPITRE 1 : PRESENTATION DES MOUVEMENTS TERRORISTES ACTIFS EN AFRIQUE DE L'OUEST ET CONSEQUENCES

L'Afrique de l'Ouest est l'une des régions d'Afrique qui regorge de musulmans. Selon des statistiques, elle compte plus de 55% de musulmans. Des études sociologiques présentent l'islam pratiqué dans cet espace comme le moins violent, enclin à la paix sociale.

La mort du prophète a désorienté l'islam. Il a cessé d'être une religion pour devenir un instrument politique. L'assassinat d'Ali, le fils de la fille du prophète par un sunnite a occasionné une rupture entre les chiites et les sunnites. Cet héritage historique continue d'influer sur la politique régionale de l'Iran et de l'Arabie Saoudite, détenteurs de ces deux courants antagonistes. L'islam est devenu, ces cinq dernières décennies, un important instrument de définition de la puissance.

La politique de conquête de territoires initiée par ces Etats a fondamentalement modifié la configuration sociologique et religieuse de l'Afrique de l'Ouest. En effet, l'ordre pacifiste, tel que démontré par des sociologues, a subi un bouleversement dans les années 1990, suite à l'instauration du wahhabisme, d'inspiration saoudienne, de la secte d'origine pakistanaise, la Daawa et la forte propension du chiisme menée en grande partie par des Libanais. L'apparition des divers courants contribue à entretenir des contradictions et des antagonismes.

L'islam en l'Afrique de l'Ouest a basculé dans le radicalisme qui a eu pour corollaires l'islamisme et l'extrémisme violent. Ceci prend un essor suite au chaos sécuritaire dans la bande sahélienne du fait de la guerre sécessionniste que le MLNA impose à l'Etat malien depuis 1965, dont le paroxysme survient en 2010. Avant cette date,

AQMI, déjà présent dans la zone, tentait d'étendre ses tentacules. La chute du régime du colonel Kadhafi en Libye a favorisé la circulation accrue des armes de guerre, dont une grande partie est détenue par des criminels organisés en mouvements terroristes, au nombre desquels on peut citer AQMI, Boko Haram, MUJAO, Ansaru, Ansar-Dine et Al-Mourabitoune. Dans le cadre de notre travail, nous nous évertuerons à les présenter (SECTION 1), tout en mettant en exergue leur impact (SECTION 2).

SECTION 1 : Présentation et objectifs des mouvements terroristes

Le Maghreb a été la première région africaine à faire face au terrorisme. L'architecture politique, diplomatique et militaire mise en place par des Etats maghrébins a permis de réduire considérablement la capacité de nuisance de certains mouvements terroristes, soit en les disloquant, soit en les chassant de leur territoire. Certains d'entre eux, fuyant la puissance de feu des forces maghrébines ont trouvé refuge dans la bande sahélienne de l'Afrique de l'Ouest, créant du coup un climat d'insécurité favorable à l'implantation des terroristes et de dangereux criminels. Au fil du temps, l'espace ouest-africain devient la région qui abrite le plus grand nombre de groupes terroristes en Afrique. Il en existe une dizaine. Ce nombre croissant le met, manifestement, en tête des cinq régions du continent, en matière de menace terroriste. Les groupes terroristes se sont implantés dans cet espace dans les années 2000. Deux Etats sur quinze servent, à ce jour, de refuge. Il s'agit du Mali (paragraphe 1) et du Nigéria (paragraphe 2).

Paragraphe 1 : Les groupes terroristes au Mali

Depuis 2007, le Nord du Mali est confronté à un activisme croissant du groupe terroriste Al-Qaïda au Maghreb Islamique, auquel de nombreux autres groupes se sont greffés. Le climat sécuritaire s'est considérablement dégradé à partir de 2011. A cette date, l'armée malienne a été mise en déroute par les combattants du Mouvement National de Libération de l'Azawad (MNLA) venus principalement de la Libye et des islamistes d'AQMI, autrefois mobiles entre le Mali, le Niger, le Burkina Faso et la Mauritanie. La perte du contrôle de la zone désertique par l'Etat malien a favorisé la naissance et l'installation d'autres mouvements terroristes tels que MUJAO, Ansar Dine, Les Signataires par le sang qui fera plus tard fusion avec le MUJAO pour former Al-Mourabitoune et enfin le Front National de Libération du Macinat, en pleine gestation.

A- AQMI

1- Origine et création

Al-Qaïda au Maghreb Islamique a été fondé par l'Algérien Abdelmalek Droukdel le 25 janvier 2007. Il symbolise le déplacement du terrorisme islamiste de l'Afrique du Nord à l'Afrique de l'Ouest. A l'origine, AQMI était une faction dans le conflit civil en Algérie dans les années 1990. Au début de cette décennie, le gouvernement algérien a annulé les élections pour empêcher un parti islamiste, le Front Islamique du Salut (FIS) de monter au pouvoir. Comme résultat, l'opposition au régime est devenue violente. Le FIS était un mouvement hétéroclite qui cristallisait diverses tendances de l'islamisme algérien autour de ses deux figures de proue : Abbassi Madani, le sage modéré, titulaire d'un doctorat en Grande-Bretagne, qui représentait la frange politique pragmatique et réaliste de son parti et Ali Belhadj, l'imam autodidacte, prédicateur fougueux, représentant les tendances les plus extrémistes[13]. Du FIS est né

[13] Abderrahim LAMCHICHI, *Pour comprendre l'islamisme politique*, Paris, L'Harmattan, 2001, 174 pages.

une faction sous le nom du Groupe Islamique Armé (GIA) qui s'est lancé dans une attaque non seulement contre les forces de l'ordre, mais également contre des civils modérés et des étrangers. Cette campagne était partie de la volonté de faire effondrer le régime[14]. La guerre entre le gouvernement algérien et le GIA resta dans l'impasse et en 1998, une faction quitta le GIA pour créer le Groupe Salafiste pour la Prédication et le Combat (GSPC).

Le GSPC a décidé de continuer la lutte contre le gouvernement algérien, mais de limiter ses cibles aux forces de l'ordre algériennes. Au fur et à mesure, le groupe devenait transnational, sur plusieurs plans. Al-Qaïda a commencé à recruter dans le GSPC vers 2002 et progressivement, il s'est tourné vers le terrorisme international comme source d'appui pour donner un sens plus large à sa lutte. Il rejoint officiellement Al-Qaïda comme groupe associé à la fin de 2006 et change son nom. Il se baptise AQMI en 2007. Suite au succès des forces de sécurité algériennes, AQMI a été repoussé vers le sud dans les régions moins peuplées de la vaste frontière de l'Algérie avec le Mali, la Mauritanie et le Niger. Au cours des dernières années, AQMI semble avoir commencé à se déplacer hors de ses itinéraires historiques strictement algériens, pour développer un pôle de recrutement et un système d'entraînement plus sous-régionaux[15], répartis dans le Sahel et commençant à ouvrir de nouveaux fronts d'opération dans la périphérie sahélienne.

S'inspirant de l'idéologie salafiste djihadiste, islamiste, AQMI devient rapidement l'une des organisations djihadistes les plus puissantes et les plus redoutables en Afrique de l'Ouest. Pour étendre ses toiles dans la bande sahélienne difficilement contrôlable par les gouvernements maliens, nigériens et mauritaniens, les combattants d'AQMI ont été répartis en cinq

---

[14] Abdelkader TIGHA, Philipe LOBJOIS, *Contre-espionnage algérien : Notre guerre contre les islamistes*, Monde nouveau, 297 pages.

[15] Jason IPE, James COCKAYNE et Alistair MILLAR, *La mise en œuvre de la stratégie antiterroriste mondiale de l'ONU en Afrique de l'Ouest*, Center on Global Counterterrorism Cooperation, 32 pages.

brigades, appelées katibas. La katiba est très importante dans une organisation terroriste, tant au plan militaire qu'au plan des trafics. Chacune des katibas est dirigée par un chef charismatique, aguerri au combat. AQMI est composé des katibas :

- AL ANSAR, commandée par Hamada Ag Hama, dit Abdelkrim Taleb, tué par les forces spéciales françaises le 20 mai 2015.

- TARIK IBN ZIYAD, commandée par Mohammed Ghedir, dit Abdelhamid Abou Zeid, tué le 23 février 2013 à la bataille de Tigharghâr. Saïd Abou Moughatil, dit Abou Saïd el-Djazaïri lui succède.

- AL FOURGHAN, commandée initialement par Djamel Okacha, puis par Mohamed Lemime Ould El Hassen dit Abdallah Al-Chinguetti. Ce dernier est tué en 2013. Il est remplacé par Aderrahmane, dit Talha.

- AL-MOUTHALIMIN, commandée par Mokhtar Belmokhtar. Celle-ci rompt avec AQMI en décembre 2012 pour devenir le mouvement indépendant « Les Signataires par le sang ».

- YOUSSEF IBN TACHFIN est créée plus tardivement, en novembre 2012. Elle est commandée par Abou Abdel Hakim Al Ghairawany.

2- Relations avec d'autres groupes armés

Les relations entre AQMI et d'autres groupes terroristes sont une réalité irréfutable. Elles se matérialisent déjà dans l'acte de naissance du mouvement. En 2007, l'organisation a d'emblée fait allégeance à Al-Qaïda. A ce titre, elle a bénéficié d'un mécénat décisif de la structure-mère. Durant plusieurs années, des combattants d'AQMI ont été convoyés[16] vers des camps d'entrainement d'Al-Qaïda, principalement en Somalie et en Afghanistan. La formation portait sur deux principaux volets : militaire et idéologique. Du point de vue militaire, il était question du maniement des armes, de techniques de combat et d'enlèvement. Au plan idéologique, il s'agissait d'expliquer le bien-fondé du djihad et le don de soi.

Les milieux sécuritaires et judiciaires des Etats sahéliens établissent une connexion entre le groupe AQMI et la secte Boko Haram. En effet, déjà en 2007, des procureurs nigérians ont allégué que cinq hommes arrêtés par des forces de sécurité nigérianes avaient été formés par le Groupe Salafiste pour la Prédiction et le Combat (GSPC), devenu ensuite AQMI. Plusieurs années durant, AQMI a servi incontestablement de base d'entrainement pour les opérations terroristes nigérianes.

Au Nord du Mali, le champ de prédilection par excellence, le groupe compose avec bon nombre d'organisations terroristes et non des moindres. Ses liens avec d'autres entités terroristes sont antérieurs et postérieurs à l'intervention des Forces françaises. En effet, avant le déclenchement de l'Opération Serval, AQMI entretenait des relations très poussées avec le MUJAO. « *Bien que MUJAO soit le bébé d'une collaboration difficile entre les responsables d'AQMI, ils ne se sont jamais reniés sur le plan idéologique. Ils s'assistent mutuellement dans la prise des otages, dans les combats contre une force qu'ils considèrent ennemie* [17]». Il s'agissait pour les deux organisations d'adopter une vision holistique face à l'ennemi commun. La conjugaison de leurs efforts a entrainé la déroute de l'armée malienne dans sa tentative de préservation ou de reconquête de l'intégrité territoriale.

---

[16] Serge DANIEL, *AQMI : l'industrie de l'enlèvement*, Paris, Fayard, 2012, 302 pages.

[17] Entretien de l'auteur avec TOURE Al-Moustapha, commandant de division de l'armée malienne, au ministère de la Défense, le 13 décembre 2014 à 11 heures à Bamako.

Le revers infligé par les Forces françaises aux combattants d'AQMI a contraint l'émir à adopter une nouvelle stratégie en vue d'épargner « ses acquis ». La nouvelle orientation de Droukdel s'inscrit dans une démarche philanthropique afin de gagner la confiance de la population civile et de chérir le MNLA, considéré par la communauté internationale comme une rébellion portant des revendications politiques. « *Il est très important de considérer notre projet islamique dans la région d'Azawad comme un nouveau-né qui doit passer par des étapes avant de grandir. Ce nouveau né est aujourd'hui à ses premiers jours, il ne marche même pas encore, alors est-il prudent de lui faire porter des fardeaux qui l'empêcheraient de se lever et pourraient même l'étouffer ? [...] Si nous voulons vraiment que ce bébé grandisse dans ce monde truffé d'ennemis puissants et prêts à l'achever, il faudrait le traiter en douceur et l'aider à grandir*[18] ». Pour frapper les esprits, AQMI recourt à des méthodes très meurtrières.

3- Le mode opératoire

Les attentats et attentats-suicides, les enlèvements et la pose des mines sont les moyens utilisés par AQMI pour plonger la population ouest-africaine dans l'anxiété. En effet, depuis sa création, le mouvement d'Abdelmaleck Droudkel a mené un nombre incalculable d'attentats avec des conséquences matérielles et humaines considérables en Algérie, au Mali, en Mauritanie et au Niger.

La représentation diplomatique de la France à Nouakchott, en Mauritanie, n'a pas échappé à la fureur des combattants. Le 8 août 2009, les islamistes d'AQMI commettent des attentats contre l'ambassade de France. Le bilan établi par les autorités françaises et le service de sécurité de la Mauritanie est de trois blessés : deux policiers français et un passant mauritanien. Le

---

[18] Nicolas CHAMPEAUX, *Le projet du chef d'AQMI pour le Mali,* Exclusif RFI/ « Libération », le 06-10-2013, 16-04-2015, 16h 35. http://www.rfi.fr/afrique/20131006-mali-vade-mecum-droukdel-mali-aqmi-terrorisme-al-qaida-sanguinaire/

cerveau de l'attaque serait Djamel Okacha de l'émirat du Sahel, par ailleurs le successeur d'Abou Zeid, tué lors de l'intervention des forces françaises et des soldats africains. « *Hier, c'était le djihad et aujourd'hui, c'est le niqab. Nous nous vengerons de la France et de ses intérêts par tous les moyens à notre disposition, pour l'honneur de nos filles et de nos sœurs* [19]». Ces propos sont tenus en réaction au projet de loi interdisant le port de la burqa décidé par le gouvernement de l'ex-président, Nicolas Sarkozy.

La nébuleuse a multiplié les actions subversives contre l'ex-puissance coloniale et ses ressortissants. Le 2 novembre 2013, Ghislaine Dupont et Claude Verlon, deux journalistes de Radio France Internationale (RFI) ont été tués à Kidal, alors qu'ils assuraient la couverture médiatique des élections législatives. Ce « crime crapuleux et odieux [20]» a provoqué un émoi au sein de la population, particulièrement dans le monde des médias. Les premiers éléments de l'enquête conjointement menée par les autorités judiciaires maliennes et françaises semblent dresser le portrait robot[21] de Bayes Ag Bakabo. Ce dernier, ayant fait fortune dans la vente de véhicules volés et de peaux d'animaux,[22] a rejoint le camp des islamistes pendant la période d'occupation, après son initiation à un islam rigoriste à travers la Daha-wa, dont l'instauration au Nord du Mali a été facilitée par Iyad Ag Ghaly dans les années quatre-vingt-dix. L'objectif premier n'était pas d'éliminer physiquement les deux journalistes. Il s'agissait pour Bayes et ses complices de les enlever, mais l'opération tourna au drame lorsqu'ils furent dévisagés par Ghislaine à travers cette phrase « Bayes, tu ne vas

[19] Interview d'Abou Moussab Abdoul Wadoud, l'un des dirigeants d'AQMI sur Al-Jazeera, le 30 juin 2011.

[20] Laurent FABIUS, ministre des Affaires étrangères français sur RFI, le 3 novembre 2013.

[21] *La mort des journalistes de RFI : les hypothèses du procureur*, Journal du dimanche (JDD) avec Agence France presse, 14 novembre 2013, 15-04-2015, 12h39.
http://www.lejdd.fr/International/Afrique/Mort-des-journalistes-de-RFI-les-hypotheses-du-procureur-638703

[22] Serge DANIEL, *Les mafias du Mali, Trafics et terrorisme au Sahel*, Paris, Descartes et Cie, 2014, 320 pages.

pas me faire ça[23] ». Au même moment, la voiture transportant les otages tomba en panne, pendant que des hélicoptères français étaient déjà dans les airs. Pris de peur, Bayes tira mortellement sur les deux Français.

Droukdel et ses hommes ont donné du fil à retordre aux Etats malien, mauritanien et nigérien avant 2011, l'année de l'occupation. Mobile dans cette grande zone désertique de l'Afrique de l'Ouest, le mouvement a tué de nombreux soldats dans les armées des Etats du Sahel. En juin 2011, une patrouille de l'armée mauritanienne a été accrochée à la frontière malienne. L'état-major de l'armée mauritanienne, reconnaissant la mort de deux soldats dans ses rangs, affirme avoir infligé un sérieux revers aux islamistes[24]. Quinze djihadistes auraient été tués et une importante quantité d'explosifs, de munitions et deux voitures ont été laissées par l'ennemi dans son sauve-qui peut. Quant à l'armée malienne, elle était devenue la proie facile d'AQMI. Plusieurs accrochages et combats lui ont été opposés par les islamistes, mais elle semble n'avoir jamais pris le dessus. Qu'en est- il pour le MUJAO ?

B- Le MUJAO

1- Origine et création

Ayant une idéologie salafiste, djihadiste et islamiste, le Mouvement pour l'Unicité et le Jihad en Afrique de l'Ouest (MUJAO) a été fondé en 2011 par Hamada Ould Mohamed Kheirou. Il est incontestablement le fruit d'un malentendu entre les dignitaires d'AQMI.

Dès sa création, le groupe revendiquait un petit nombre de combattants. On ne comptait dans les rangs de l'organisation

---

[23] Op. cit.

[24] *Le bilan de l'accrochage entre l'armée mauritanienne et Aqmi se précise*, 27-06-2011, 15-04-2015, 13h23. http://www.rfi.fr/afrique/20110627-le-bilan-accrochage-entre-aqmi-armee-mauritanienne-precise/

qu'environ 500 combattants[25] en janvier 2013. Mais, au fil du temps, le nombre s'est considérablement accru. Ils sont nombreux les jeunes Maliens et Nigériens désœuvrés, désorientés, frappés par une misère implacable et un chômage battant tous les records qui ont rejoint les rangs des combattants islamistes. En 2012, le MUJAO a beaucoup recruté parmi les jeunes des deux pays[26]. Dans ces pays très pauvres, les djihadistes donnaient entre 100 et 150 dollars et une arme aux nouvelles recrues. Lorsque les frappes françaises ont commencé au Mali, plusieurs d'entre eux, idéologiquement peu convaincus ont cessé la lutte. Les autorités de Niamey surveillaient de près les mouvements de ces démobilisés de peur que certains rejoignent des réseaux dormants que le MUJAO pourrait réveiller à tout moment. « *J'ai rejoint le djihad, pas par conviction mais par nécessité et aussi par des exigences de la vie. Après mes études sanctionnées par le DF (Diplôme fondamental, un parchemin pour les élèves maliens à partir de la 9ème année d'étude) mes parents n'avaient plus de moyens pour financer mes études. Alors, j'étais obligé de tout arrêter et faisais désormais face à une oisiveté grandissante qui m'apparaissait sans fin. Quand les combattants de MUJAO sont arrivés, ils nous ont proposé la somme de 75.000 FCFA par mois avec une prime de 40.000 F pour la participation au combat et 250.000 F pour avoir fourni de renseignements aboutissant à l'enlèvement d'un blanc (un occidental)* [27] ».

---

[25] *Mujao, une scission d'Aqmi*, interview de Mathieu Guidère, sur RFI, le 13 - 01-2013.

[26] Murielle DUTEIL, *Le MUJAO, la relève d'AQMI*, Le Point, publié le 23-05-2013. http://www.lepoint.fr/editos-du-point/mireille-duteil/afrique-le-mujao-la-releve-d-aqmi-23-05-2013-1671611_239.php

[27] Entretien de l'auteur avec un ancien combattant du Mujao à Gao le 8 décembre 2014. Dans cet entretien, il a affirmé que les conflits et les actes terroristes résultent généralement de la mauvaise gouvernance, caractérisée par la mauvaise répartition des ressources publiques et la gabegie au sommet de l'Etat.

En un temps record, le nombre de combattants est passé du simple au triple[28] avec le soutien des combattants étrangers venus du Nigéria, du Polisario[29] et de la Libye. Pour obtenir de meilleurs résultats, l'organisation a procédé à une structuration de type pyramidal. Dans cette structuration, quatre katibas (brigades) ont été retenues. Elles sont commandées par des hommes aguerris ou qui ont fait leurs preuves dans le djihad depuis plusieurs années. Il s'agit des katibas :

- OUSSAMA BEN LADEN, commandée par Ahmed Ould Amer dit Ahmed al-Tilemsi. Il est également le chef de la branche militaire. Ce dernier a été tué par les forces françaises, le 13 décembre en 2014 au Nord du Mali.

- USMAN DAN FODIO, a été initialement commandée par Bilal Hicham qui déserte avec plusieurs dizaines d'hommes après avoir dénoncé les liens du MUJAO avec le trafic de drogue. Il a été remplacé par un Béninois.

- SALADIN, commandée par le Touareg d'origine malienne, Sultan Ould Bady ou Abou Ali Al Ansari al Sahraoui. Cette brigade fait par la suite défection et rejoint Ansar-Dine fin 2012.

- ANSAR SUNA, est créée vers fin décembre 2012. Elle est composée principalement de Songhaïs, une ethnie du Nord du Mali. Cette katiba est divisée en quatre seriyats, de petites

---

[28] Alaya ALANI, nous affrontons un terrorisme importé, Mosaïque Fm à l'occasion de ''l'émission Midi Show'' 3-09-2013, 15-04-2015, 15h 56. http://www.mosaiquefm.net/fr/index/a/ActuDetail/Element/27423-alaya-alani-nous-affrontons-un-terrorisme-importe

[29] C'est une forme abrégée de l'espagnol, Frente Populaire de Liberation de Saguia el Hamra y Rio de Oro, qui signifie en français Front Populaire de Libération de la Saguia el Hamraet du Rio Oro. C'est un mouvement politique créé en 1973 par El-Ouali Moustapha Sayed. Son objectif était de lutter contre l'occupation espagnole. A partir de 1975, il s'oppose au Maroc à propos du Sahara occidental. Le Front Polisario a pour mode opératoire la guérilla et sa devise est : Liberté, Démocratie et Unité.

unités : Abdallah Azzam, Zarqawi, Abu Leith Ellibi et les Martyrs.

Cette structuration a renforcé la capacité militaire du MUJAO. En conséquence, le groupe a connu des succès militaires sur le Mouvement National de la Libération de l'Azawad (MNLA) avec lequel il s'était allié pour vaincre l'armée malienne dans la ville de Gao et de Tombouctou. En novembre 2012, la coalition MUJAO et AQMI, dont le commandement a été assuré par Mokhtar Belmokhtar et Oumar Ould Hamaha a infligé une défaite cuisante aux indépendantistes. Plusieurs combattants du MNLA ont été tués et le secrétaire général, Bilal Ag Achérif a été blessé, puis évacué au Burkina Faso à bord d'un hélicoptère. « *Au début nous étions avec le MNLA sur le même terrain contre l'armée malienne. On savait qu'il se disait plus fort alors qu'il était derrière nous. Il parlait d'indépendance avec le soutien de la France. Nous, avec le soutien de Dieu, on parlait de la charia. Quand on a voulu les chasser, on les a chassés. Ce sont des farceurs*[30] ».

2- Les relations entre le groupe et les autres organisations terroristes

Au lendemain de sa naissance, le MUJAO a fait allégeance à la nébuleuse Al-Qaïda. Il s'est présenté comme sa voie ou son représentant dans la bande sahélienne de l'Afrique de l'Ouest. De même, le Polisario a constitué un soutien de poids à l'organisation, tant dans le recrutement que dans le trafic en tous genres auquel le groupe s'est livré. Au plan humain, ce sont plus de trois cent combattants du Polisario[31] qui ont rejoint le camp de l'organisation. La relaxe d'Habib Ould Mahouloud, un djihadiste originaire du Polisario en contrepartie de la

---

[30] Serge DANIEL, op.cit. citant Hama Ag Hama, un responsable du Mujao.

[31] Farid MNEBHI, *La collusion Polisario et groupe terroriste dévoilée*, Alwihda info, 12 décembre 2014, 16-04-2015. http://www.alwihdainfo.com/La-collusion-polisario-et-groupes-terroristes-devoilee_a13927.html

libération du Français Serge Lazerevic confirme bel et bien la thèse selon laquelle les miliciens du Polisario ont accouru en masse vers le camp du MUJAO sur l'ordre de leur chef central et avec la bénédiction de certains responsables algériens.

Au niveau du trafic, le Polisario a été un pôle de passage de la drogue à destination de l'Europe. Des responsables du Polisario ont permis au mouvement de faire fleurir le commerce de la drogue dans le Maghreb et d'autres trafics, notamment le trafic de bébés et la contrebande de cigarettes.

Au fil du temps, le MUJAO s'est approché de DAESH[32]. Il devient l'antenne de ce mouvement opérant dans le Moyen-Orient et en Afrique. Cela s'explique par le fait que les deux organisations ont la même conception du djihad : l'application stricte de la charia, le rejet de la civilisation occidentale, considérée comme « une honte pour l'humanité » et le développement d'un vaste réseau de trafics. Pour cela, le mouvement de Kheirou a bénéficié d'importants soutiens de DAESH. En effet, des combattants de DAESH ont été convoyés vers le Nord du Mali au compte du MUJAO par le biais d'Ansar al Charia, une organisation terroriste basée en Libye. Selon un agent des services secrets maliens, certains chefs du MUJAO auraient reçu des formations idéologiques de DAESH dans des camps d'entraînement basés en Irak.

Au plan interne, le MUJAO entretient des relations étroites avec « Les Signataires par le sang » de Mokhtar Bel Mokhtar, dit le « borgne » à cause du handicap de son œil gauche, causé lors des batailles en Afghanistan, alors qu'il n'avait que 17

[32] C'st un mot arabe : ad-dawla al-islamiyya fi-l-'irak wa- s-sam, qui signifie littéralement Etat islamique en Irak. En anglais : Islamic state of Irak and the Levant. L'organisation terroriste a été créée en Irak en 2004 par le Jordanien Abou Moussab al-Zarqaoui. Ce dernier a prêté allégeance à Oussama Ben Laden, à la tête d'Al-Qaïda. A la mort du fondateur en 2006, l'organisation prend le nom de l'Etat islamique d'Irak Levant (IIL). Son objectif est de créer le califat. Le 29 juin 2014, l'EII proclame Abou Bakr al Baghadadi comme le calife.

ans[33]. Bon nombre de services de sécurité sahéliens, notamment malien indiquent que des combattants du MUJAO ont prêté main forte au groupe « Les Signataires par le sang » pour la réalisation de l'attentat sur le site d'Areva au Niger, lequel a fait plusieurs victimes, obligeant du coup les dirigeants de cette entreprise à procéder à une fermeture temporaire.

3- Le mode opératoire

A l'instar de nombreuses organisations terroristes, le mouvement fondé par Hamada Kheirou s'exprime par des rapts, des prises d'otages, des attentats-suicides. Il a commencé à se faire connaître internationalement par le rapt de trois humanitaires européens[34] de nationalités espagnole et italienne près de Tindouf, le 23 octobre 2011. Mais auparavant, le 3 mars, il a commis un attentat contre une gendarmerie à Tamanrasset, dans le sud de l'Algérie. Celui-ci fit 24 blessés dont 14 civils. En avril 2012, soit un mois après, des combattants du MUJAO capturèrent sept diplomates algériens à Gao[35]. À la suite de négociations secrètes, trois d'entre eux furent libérés en juillet de la même année. Cependant, après l'arrestation de trois membres d'AQMI par les forces spéciales algériennes et en raison du refus du gouvernement algérien de les libérer, le MUJAO déclare le 1er septembre que l'un des otages, le vice-consul Taher Touati, a été exécuté. Par la suite, un autre captif, le consul Boualem Saïes, meurt en détention des suites d'une maladie. Les deux derniers otages sont finalement relâchés près de Bordj Badji, le 30 août 2014.[36] Le mouvement organise la guérilla dans la région de Gao avec « Les Signataires par le sang ». Par la suite, il a effectué d'autres

---

[33] Mohamed SIFAOUI, *Al-Qaïda au Maghreb islamique, le groupe qui menace la France*, Paris, Encre d'Orient, 2010, 282 pages.

[34] Mireille DUTEIL, Afrique : *Le Mujao, la relève d'Aqmi, Le point.fr, 23-05-2013, 16-04 2015, 15h19.*
http://www.lepoint.fr/editos-du-point/mireille-duteil/afrique-le-mujao-la-releve-d-aqmi-23-05-2013-1671611_239.php 37*Mujao libère deux diplomates algériens,* Agence Afrique, 1er -09-2014, 16-04-2015.
http://agenceafrique.com/941-mali-mujoa-libere-diplomates-algeriens.html

attaques suicides à Tombouctou, Hamakouladji, Gossi et Ménaka, au cours desquelles des soldats maliens et de nombreux civils ont été tués et plus d'une vingtaine ont été blessés.

Parmi toutes les organisations terroristes actives au Mali, le MUJAO apparait comme la plus radicale et la moins tolérante du fait sans nul doute de sa ligne idéologique (le wahhabisme). Cela s'est matérialisé par ses hostilités sans appel contre les Occidentaux avec le dénigrement sans précédant de leurs valeurs culturelles et civilisatrices. Le radicalisme et l'intolérance, caractérisant les membres de la mouvance, les rendent insensibles au respect des droits de l'Homme. De ce fait, de nombreux cas de violations des droits de l'Homme ont été signalés. Il s'agit pour la plupart d'exécutions sommaires et extrajudiciaires, de traitements inhumains et dégradants, d'abus sexuels et de lapidations[37] commis en toute impunité, au nom de la charia. D'avril 2012 à janvier 2013, neuf hommes parmi quarante accusés [38]ont été condamnés à l'amputation d'une main ou d'une jambe. De nombreux jeunes ont été fouettés, parce qu'ils auraient commis la fornication, une pratique malsaine dont l'expiation passe par des coups de fouet, selon les nouveaux maitres des lieux.

En outre, les activités distractives ont été purement interdites. A cet effet, les islamistes ont interdit la diffusion des musiques sur les radios privées installées dans le Nord du Mali. On se souvient également de la destruction des mausolées de

---

[37] Mathieu GUIDERE, *Le sexe et la charia*, Paris, Du Rocher, 2011, 230 pages.

[38] *Rapport Agenda pour les droits humains d'Amnesty international : que de révélations sur les violations des droits humains au Mali*, Koulouba, 30 novembre 2013, 16-04-2015. http://koulouba.com/societe/justice/rapport-agenda-pour-les-droits-humains-damnesty-international-que-de-revelations-sur-les-violations-des-droits-humains-au-mali Mali: *un rapport d'Amnesty international fustige les exactions*, Rfi 1er -12-2013http://www.rfi.fr/afrique/20131130-mali-rapport-amnesty-international-exactions-agenda-droits-homme/

Tombouctou[39], présentés comme le symbole d'un islam traditionnel. Ce lieu, de par sa richesse culturelle, avait été érigé en patrimoine culturel de l'UNESCO. Prétextant que le football est aussi une culture importée du monde occidental ou du moins contraire à l'esprit et à la lettre de l'islam, des dignitaires du mouvement prononçaient la condamnation sans appel à l'encontre de tous ceux qui s'adonnaient à ce sport. Des jeunes filles n'ayant pas encore l'âge de la puberté sont données en mariage.

C- Ansar Dine

Ansar Dine signifie « défenseur de la religion ». Il a été fondé en mars 2013 par le Malien Iyad Ag Ghali, l'une des figures de proue de la rébellion touarègue des années 1990. Militaire formé en Libye, Iyad Ag Ghali a participé à plusieurs combats, notamment la guerre du Liban contre Israël (1980-1982) et le conflit entre la Libye et le Tchad.

D'idéologie salafiste et djihadiste, Ansar-Dine lutte pour une pratique rigoriste de l'islam, à travers l'application de la charia, la loi islamique sur toute l'étendue du territoire du Mali. Le mouvement est composé de plusieurs responsables de la rébellion touarègue, MNLA qui sont, entre autres, Alghabasse Ag Intalla, fils de l'amenoka des Ifogas, principal responsable de la branche diplomatique qui rompt avec le groupe en janvier 2013 pour fonder le Mouvement Islamique de l'Azawad (MIA), Abou Mahame dit cheikh Ag Aoussa et Haroune Ag Saïd dit Abou Jamal et Mohamed Ag Ghaly Ag Wambadja, dit Abdelkrim Kojak, chef du département de formation politique et idéologique du MNLA. A cette liste, s'ajoute le chef du Front de Libération du Macina (FLM), Amadou Koufa qui vise à restaurer le califat de Macina, un empire peulh du XIXème siècle.

---

[39] *Les islamistes détruisent les mausolées de Tombouctou*, Le Monde.fr, 30-06-2012, 15-04-2015, 17h20. http://www.lemonde.fr/afrique/article/2012/06/30/ancar-eddine-annonce-la-destruction-des-tous-les-mausolees-de-tombouctou_1727451_3212.html

Ansar Dine est organisé en trois katibas. Il s'agit de la katiba Tawhid-Athman, dirigée par Abou Abida dit Mourabiti Ben Moula, Ag Houdi Mohamed Moussa, chef de la katiba El Hisba et Abou Tourab, chef de El Amr Bil Maarouv Weneuhye Ani Al Mounkar et le secteur d' Aguel'hoc est sous l'autorité d'Ibrahim Ag Inawelan, dit Ibrahim Dina.

La présence massive des responsables du MNLA pose la question de la connexion manifeste entre le MNLA, historiquement d'inspiration politique (autonomie de l'Azawad) et l'organisation islamiste. La création d'un mouvement terroriste par Iyad Ag Ghali repose sur deux logiques : ouvrir d'autres fronts de négociation, en présentant Ansar Dine comme un mouvement terroriste modéré, d'autant plus que la communauté internationale demandait l'ouverture des négociations avec toutes les parties prenantes au conflit y compris « les mouvements terroristes fréquentables ». Il vise également à maintenir son influence et sa notoriété qu'il a perdues dans le désert malien et auprès des siens du fait de son radicalisme religieux ou de son double jeu supposé ou réel.

La confiance entre certains Touaregs et le chef charismatique Iyad Ag Ghali s'est davantage dégradée, suite au retour de plus de deux mille combattants du MNLA qui ont servi dans l'armée du guide libyen Kadhafi. Ceux-ci décident de mener la guerre contre l'Etat malien jusqu'à l'indépendance de l'Azawad. Iyad Ag Ghali s'oppose et privilégie la carte de la négociation. Il est vite soupçonné par certains responsables du MNLA d'être un espion du gouvernement malien, en référence à sa qualité d'ex-diplomate malien en Arabie Saoudite, en vertu d'un accord entre le gouvernement malien d'alors, lequel stipulait l'intégration des Touaregs civils et militaires du MNLA dans l'administration publique et militaire malienne.

1- L'effectif et la connexion avec d'autres mouvements terroristes

Dès sa création, le mouvement comptait un peu plus de trois cents combattants dans ses rangs. Mais, au fil du temps, le nombre de combattants s'est considérablement accru. Les dignitaires ont joué sur la fibre religieuse et ethnique pour rallier de nombreux jeunes Touaregs et des responsables de tribus. En décembre 2012, une nouvelle katiba baptisée Ansar al charia a été créée et est commandée par Omar Ould Hamaha. Elle est principalement constituée d'Arabes de la région de Tombouctou et comprend également des transfuges du Mouvement Arabe de l'Azawad (MAA). Dans le même contexte, le 2 janvier 2013, Sultan Ould Bady, ex-chef d'une katiba de MUJAO rejoint Ansar Dine avec plusieurs dizaines de combattants.

Le groupe a recruté des jeunes désœuvrés, dans son fief à Kidal et dans les localités environnantes. La stratégie d'endoctrinement était basée sur la promesse de l'amélioration des conditions de vie. Pour cela, il accordait une rémunération mensuelle aux personnes qui acceptaient de soutenir les idéaux d'Ansar Dine. Une telle offre est difficilement rejetée dans un Etat ou une localité frappée de paupérisation croissante.

Il s'est agi également, pour des responsables islamistes, de vanter le mérite du djihad, en mettant en avant l'idée selon laquelle il émane de Dieu, dont l'acceptation est une panacée contre « l'avilissante vie ici-bas ». La méthode a été efficace, car à moins d'une année de sa création, le mouvement revendiquait plus de trois mille combattants, dont un millier bien entrainés, bien organisés et un solide organigramme.

Né dans un contexte d'extrême tension avec les mouvements terroristes AQMI, MUJAO d'une part, et le MNLA d'autre part, Ansar-Dine s'est retrouvé isolé. Cependant, il entretient une étroite collaboration avec le Front de Libération du Macina. Cela s'explique par l'amitié de longue date que Iyad Ag Ghali et Amadou Koufa entretiennent. Ils ont œuvré à la pénétration de la secte pakistanaise Daawa au Nord du Mali, dans les années 1990. C'est à partir de cette date que des islamistes d'origines moyen-orientale et asiatique ont commencé à étendre leurs tentacules dans la bande sahélienne de l'Afrique de l'Ouest.

2- Le mode opératoire et les potentielles cibles du mouvement

A la différence d'AQMI et du MUJAO, Ansar Dine n'a pas encore réalisé de prise d'otages. L'Occident n'est pas sa seule cible prioritaire. Il dirige également ses actions meurtrières contre les Etats jugés apostats et les hérétiques. Les pays pourvoyeurs de soldats dans le cadre de la mission des Nations Unies au Mali sont dans son champ. Les faits corroborent notre thèse : Ansar Dine a multiplié des attaques contre des forces armées (armée malienne, MINUSMA), des bâtiments officiels, des hôtels et contre ses anciens alliés du MNLA. Le groupe a revendiqué le 27 novembre 2015 l'attaque contre un camp de la MINUSMA à Kidal. L'attaque a fait trois morts, dont deux Casques bleus guinéens, un civil de l'ONU et une vingtaine de blessés[40]. En juin 2015, des positions de l'armée malienne ont été attaquées au sud, à la frontière avec la Côte d'Ivoire. Sur les lieux du crime, un drapeau aux couleurs et aux insignes d'Ansar Dine a été trouvé[41]. L'attaque fut revendiquée plus tard par le Front de Libération du Macina, qui dit avoir agi de concert avec Ansar Dine.

De plus, Ansar Dine a mené des raids contre le MAA, en réaction aux accords de paix signés avec le gouvernement du Mali, dans le cadre des pourparlers en Algérie. L'émir d'Ansar Dine revendiquant l'attaque a estimé qu'elle est une réponse à l'apostasie de ses ex-alliés qui « travaillent avec la France pour combattre l'islam et les musulmans, dont le but est de répandre le mal sur la terre ». Le raid a fait plusieurs morts et des blessés, au cours duquel des combattants d'Ansar Dine ont emporté des armes et des munitions[42].

---

[40] Mali *: Le groupe djihadiste, Ansar Dine revendique l'attaque meurtrière contre l'ONU,* Le Figaro avec l'AFP, 28-11-2015, 20h 26 http://www.lefigaro.fr/flash-actu/2015/11/28/97001-20151128FILWWW00151-mali-le-groupe-djihadiste-ansar-dine-revendique-l-attaque-meurtriere-contre-l-onu-a-kidal.php

[41] Mali : Première attaque terroriste dans le sud du pays, Figaro.fr avec AFP, 11-O6-2015http://www.lemonde.fr/afrique/article/2015/06/11/mali-premiere-attaque-terroriste-dans-le-sud-du-pays_4651949_3212.html

[42] Laurent LAGNEAU, *Le groupe jihadiste Ansar Dine revendique une attaque meurtrière à Kidal*, Zone militaire, 27-12-2015.

D- Al-Mourabitoune

1- Origine et création

Al-Mourabitoune signifie les Almoravides. Le nom est choisi en référence à la dynastie berbère des Almoravides qui régnèrent aux XIe et XIIe siècles sur l'Ouest du Sahara jusqu'au sud de la péninsule arabique. Il est le résultat de la fusion entre deux mouvements terroristes actifs au Nord du Mali : « Les Signataires par le sang » de l'Algérien Mokhtar Belmokhtar et le Mouvement pour l'Unicité et le Jihad en Afrique de l'Ouest. La fusion, demandée par l'actuel émir d'Al-Qaïda, l'Egyptien Aymen al Zawhiri, est intervenue en fin 2014. Elle s'inscrit dans une logique de guerre de leadership et d'influence dans la zone désertique. Aymen al Zawhiri veut maintenir l'autorité d'Al-Qaïda dans la bande sahélienne à travers la mutualisation des forces des mouvements qui lui ont fait allégeance. Pour cela, il importe d'œuvrer à l'homogénéité du groupe Al-Mourabitoune afin de résister aux rivalités féroces entre groupes terroristes dans la région. L'action vise concrètement à réduire ou à contenir l'influence de l'Etat Islamique, considéré comme un rival déclaré, dans la zone qui représente un grand intérêt pour des mouvements terroristes, singulièrement dans le domaine du trafic et du rapt des otages.

La bataille entre Al-Qaïda et l'Etat Islamique pour le contrôle de la bande sahélienne ne fait que commencer. En effet, pendant que la structure d'Oussama Ben Laden affine sa politique d'endiguement, Aboubakr Al Baghdadi[43] n'entend pas lâcher du lest. Il a, ces dernières années, fourbi ses armes. Sa stratégie de conquête est axée sur deux points centraux, à savoir, l'établissement d'une base en Libye en recrutant de nombreux jeunes de l'Afrique de l'Ouest et la réorganisation de la secte islamiste nigériane, Boko Haram qui lui a prêté allégeance. La Libye est la deuxième base importante de l'EI dans le monde. Plus de cinq mille combattants avec un nombre

---

http://www.opex360.com/2015/12/27/mali-le-groupe-jihadiste-ansar-dine-revendique-attaque-meurtriere-kidal

[43] Il est actuellement le chef de l'Etat Islamique.

croissant de jeunes d'Afrique, dont une trentaine de Sénégalais qui suivent des séances de formation idéologique et militaire. La guerre de leadership entre les deux entités terroristes va incontestablement contribuer à dégrader davantage l'environnement sécuritaire de la région, déjà en proie à une grande instabilité. L'Etat Islamique n'a pas, jusque-là, mené d'opérations dans des Etats d'Afrique de l'Ouest, mais sa concurrence effrénée avec AQMI laisse croire qu'il ne tardera pas à commettre des attentats afin de confirmer son prestige et sa présence effective dans la région. Cette logique pourrait l'amener à affronter AQMI, en vue d'établir son autorité sur cette zone qu'il considère stratégique et s'attirer davantage de militants[44].

Dans cette guerre de positionnement, Mokhtar Belmokhtar apparaît comme un pilier fondamental. Depuis son adolescence, il est présent sur plusieurs théâtres d'opérations djihadistes (Afghanistan, Algérie, Yémen, Mali, Mauritanie) avec une seule obsession : défendre les idéaux d'Al-Qaïda contre « la mécréance » orchestrée et soutenue par l'Occident. Il est, aujourd'hui, l'un des plus dangereux et redoutables djihadistes du Sahel, à tel point que sa tête a été mise à prix par les Américains pour cinq millions d'euros. Khaled Abou al-Abbasse, de son vrai nom, possède une bonne expérience au plan tactique (prises d'otages, combats), dispose d'une culture terroriste et de grandes capacités opérationnelles. D'AQMI où il a dirigé une puissante katiba, qu'il abandonne suite à des dissensions avec Abdelmaleck Droukdel à Al-Mourabitoune en passant par « Les Signataires par le sang », Mokhtar Belmokhtar a été à l'origine de plusieurs raids qui ont ébranlé la région. Ceux-ci sont essentiellement de multiples attaques contre des cibles combattantes des Etats nigérien, mauritanien, algérien, malien et contre des civils (otages occidentaux). Il se présente de facto comme l'émir de l'organisation.

[44] Haiba Cheikh Sidati, *Sahel : La menace de la rivalité Aqmi/Daesh*, Centre 4S, 4-02-2016.

L'effectif du mouvement n'est pas connu avec exactitude. Mais, selon certains spécialistes, le groupe revendiquait plus de trois cents combattants, dont une centaine aguerris au combat, au moment de sa création[45]. Le nombre réduit de combattants, contrairement aux autres mouvements terroristes actifs sur le terrain, s'explique par la présence des forces internationales, dont l'objectif est de lutter contre la dégradation croissante du climat sécuritaire du Sahel. Le dynamisme du groupe n'est pas lié au nombre de poitrines alignées derrière le drapeau djihadiste, mais à sa capacité à atteindre toutes ses cibles, même les plus reculées. L'avantage principal du groupe au plan sous-régional tient à ses chefs qui sont issus de grandes tribus locales et qui ont beaucoup d'influence dans le désert. Une dizaine d'entre eux sont originaires du camp de refugiés de Tindouf et du Sahara occidental[46].

2- Connexion avec d'autres mouvements terroristes et sources de financement

Al-Mourabitoune dispose d'un important soutien au plan local (Mali) et au plan international.

✓ Au plan local

Au plan strictement local, Al-Mourabitoune entretient des relations étroites avec AQMI. La relation concerne deux domaines fondamentaux : le volet idéologique et tactique. Ayant un parrain commun qui est Al-Qaïda, les deux organisations luttent pour l'application de la charia.

Dans l'entendement des groupes terroristes, la loi islamique est la norme de référence de la société, en ce sens qu'elle lutte contre la hiérarchisation faite entre les hommes en fonction de

---

[45] Mali : Al- Mourabitoune, ennemi n°1 de la France au Sahel, L'Obs, 08-03-2015, 13h25.
http://tempsreel.nouvelobs.com/guerre-au-mali/20150308.OBS4118/mali-al-mourabitoune-ennemi-numero-1-de-la-france-au-sahel.html.

[46] Mélanie MATARESE, *Sa force, ce n'est pas le nombre d'hommes, c'est l'influence,* El Watan, 09-06-2015,
http://www.djazairess.com/fr/elwatan/497693

leur rang social et contre un ordre économique mondial, détenu par des puissances capitalistes. Ainsi, la charia apparait comme l'expression de l'égalité et de la liberté. Concrètement, elle est un outil de préservation de l'ordre social et moral. Pour cela, il est du devoir du « vrai musulman » d'œuvrer à l'instauration ou à la pérennisation de l'ordre voulu par Dieu.

Du point de vue tactique, Al-Mourabitoune et AQMI dirigent leurs actions contre l'Occident et ses intérêts. Dans les milieux djihadistes, ce dernier est perçu comme une « force oppressante ». Les interventions militaires « injustifiées et illégalement déclenchées » contre les Etats arabo-musulmans ont pour seul but l'accaparement des ressources énergétiques et minières des musulmans. Leur manière de se venger est de multiplier les actions contre les intérêts des Occidentaux (représentations diplomatiques, ressortissants, entreprises…).

✓ **Au plan extérieur**

Le premier soutien international est Al-Qaïda. Il constitue d'ailleurs un soutien de poids. La Libye, devenue une zone de non-droit est le point de rencontre entre des dignitaires d'Al-Mourabitoune et des émissaires d'Al-Qaïda. Leur rencontre, dont la dernière remonte à 2015 a été une sorte de mise au point et de partage d'expériences et de renseignements. Au cours de la rencontre, Al-Mourabitoune dresse l'état des lieux du djihad dans la zone sahélienne de l'Afrique de l'Ouest et reçoit des orientations, notamment au plan opérationnel et du renseignement qui concerne singulièrement le niveau de surveillance des forces militaires occidentales, positionnées dans le cadre de la lutte antiterroriste dans la zone. En juin 2015, au cours de l'une des rencontres, Mokhtar Belmokhtar a été visé par une frappe de drone américain, à la suite de laquelle sa mort avait été annoncée par le gouvernement provisoire de la Libye[47].

[47] Al-Qaïda : *Mokhtar Belmokhtar aurait été tué en Libye dans un raid américain*, Le Parisien, 15 juin 2015, 0h25.

Par ailleurs, l'organisation a établi des contacts en Tunisie et en Libye. Les relations sont essentiellement basées sur du renseignement et sur la fourniture de moyens matériels (armes, munitions). Avec les Shabbab, au Soudan et en Egypte, les relations concernent la formation idéologique et militaire.

3- Financement et mode opératoire

Depuis sa fusion en 2014, l'organisation n'a pas encore revendiqué de prise d'otages, l'activité lucrative vers laquelle plusieurs mouvements djihadistes sont orientés. De nombreux Etats occidentaux, pour la liberté de leurs ressortissants paient de rançons qui s'élèvent parfois à des dizaines de millions d'euros. Même si les caisses d'Al-Mourabitoune n'ont pas encore été alimentées par des rançons, il faut dire que bon nombre de ses membres ont fait fortune dans cette activité, car ils ont participé à des rapts en étant dans des organisations terroristes, notamment AQMI et MUJAO.

Pour le reste, la drogue, la fabrication de fausses monnaies, le trafic de cigarettes, d'êtres et d'organes humains constituent les principales sources de financement. Mokhtar Belmokhtar a créé un système sophistiqué de contrebande de cigarettes dans toute l'Afrique saharienne. Le trafic est fait par la voie terrestre. Des cargaisons de cigarettes proviennent du Bénin ou du Togo, passent par le Mali, le Niger et le Sud de l'Algérie pour être vendues dans le Maghreb. En Libye, 75% des cigarettes fumées sont illégales[48]. La valeur totale de la contrebande de cigarettes dans le Sahara dépasse cinq cent milliards de FCFA[49].

Au-delà des activités illégales, Mokhtar Belmokhtar bénéficie du soutien d'hommes d'affaires en Tunisie, en Libye

---

http://www.leparisien.fr/international/lybie-belmokhtar-le-chef-d-al-qaida-au-maghreb-tue-dans-un-raid-americain-15-06-2015-4861951.php#xtref=https%3A%2F%2F www.google.com

[48] Contrebande « Monsieur Marlboro », l'autre surnom de Mokhtar Belmokhtar, Le Monde.fr, 28 janvier 2013. http://bigbrowser.blog.lemonde.fr/2013/01/28/contrebande-monsieur-marlboro-lautre-surnom-de-mokhtar-belmokhtar/

[49] Op.cit.

et en Algérie. Ceux-ci ne pouvant pas participer militairement au djihad contre l'Occident apportent de grands moyens financiers à Al-Mourabitoune[50].

La lutte armée, la guérilla, les attentats-suicides et les prises d'otages sont essentiellement le mode opératoire des combattants d'Al-Mourabitoune. L'objectif est de frapper les esprits, afin de susciter la crainte au sein de la population et le sentiment d'être en insécurité permanente. Ce mode d'action est méconnu des forces de défense et de sécurité africaines dans leur ensemble. Depuis sa création en 2014, bien que l'environnement ait été totalement hostile par la présence des forces internationales (MINUSMA, Forces françaises), Al-Mourabitoune a mené de nombreuses actions contre des cibles militaires et civiles à l'intérieur et à l'extérieur de son bastion traditionnel. En effet, le 16 janvier 2014, à l'aube, huit cents personnes, travaillant au compte d'un complexe gazier d'In Amenas, au Sud de l'Algérie, ont été prises en otage. L'opération revendiquée par l'Algérien Mokhtar Belmokhtar, via une agence de presse privée mauritanienne a fait plus de quarante morts, dont trente-six otages.

De plus, en mars 2015, une attaque a été dirigée contre le bar « La terrasse de Bamako » au Mali. L'attaque revendiquée par Al-Mourabitoune a fait six morts dont un Français[51]. Avant les attaques contre des lieux de détente et de distraction, le groupe avait multiplié ses actions guerrières contre des soldats français. En juillet 2014, une patrouille des soldats français a été attaquée au Nord du Mali. L'attaque a fait un mort et plusieurs blessés. Dans le courant de la même année, une attaque suicide à Gao, menée par une adolescente contre une base des soldats français a fait trois morts parmi les soldats.

De plus, le 15 janvier 2016, un commando djihadiste attaque l'hôtel « Splendid » et le bar « Capuccino », dans le centre-ville

---

[50] El Watan. Op.cit.

[51] Attentat à Bamako : Un des auteurs tués par les forces spéciales, L'Express, 13-03-2015, 10h. http://www.lexpress.fr/actualite/monde/afrique/attentat-de-bamako-un-des-auteurs-tues-par-les-forces-speciales_1660910.html

de Ouagadougou, au Burkina Faso. Officiellement, trente personnes de 18 nationalités différentes ont été tuées. Selon le bilan établi par des chancelleries occidentales, douze Occidentaux ont été tués, dont deux Français, six Canadiens, deux Suisses un Néerlandais et un Américain. L'attaque a été revendiquée par Al-Mourabitoune et AQMI. Les attaques montrent clairement la capacité des terroristes à atteindre des cibles. Le déplacement des actes terroristes du nord vers le sud crée une psychose générale au sein de la population des Etats de la sous-région, notamment en Côte d'Ivoire, au Sénégal, au Bénin, en Guinée… A l'instar du Mali, le Nord du Nigéria est également en proie à une cruauté terroriste.

Paragraphe 2 : Au Nigéria

A- Boko Haram

1- Origine et création

Basé à Maiduguri dans la région excentrée de l'Etat de Borno, à la frontière avec le Niger, le Cameroun et le Tchad, Boko Haram signifie en haoussa : « la culture occidentale est un péché ». Il a été fondé par Mohammed Yusuf au début des années 2000. Mais certains fidèles préfèrent l'appellation suivante pour des raisons purement idéologiques: « Jama'atu Ahlis-Sunnah Lidda'awati Wal Jihad » qui signifie : « les disciples du prophète pour la propagation de l'islam et la guerre sainte ». Considéré depuis sa création comme un mouvement religieux à caractère purement social[52], Boko Haram a, au fil du temps endossé la posture d'une organisation islamiste terroriste, en appelant non seulement à l'application stricte de la charia [53](la loi islamique) dans tous les 36 Etats que compte le Nigéria, mais aussi à la commission d'actes terroristes. Son fondateur,

[52]Marc-Antoine PEROUSE de MONTCLOS, *Boko Haram et le terrorisme islamiste au Nigéria : insurrection religieuse, contestation politique ou protestation sociale* ? Questions de recherche, Centre d'étude et de recherches internationales Sciences Po, n°40 juin 2013, 33 pages.

[53] Marc-Antoine PEROUSE de MONTCLOS, *Le Nigéria à l'épreuve de la sharia*, Etudes, vol 394 n°2, 2001.

Mohamed Yusuf met en place les prémisses d'un islam radical, intégriste. Cela s'est matérialisé par son intolérance à l'égard de ceux qui ne partagent pas la même idéologie ou confession religieuse que lui. Des stratégies d'endoctrinement et des méthodes de l'application stricte de la charia sont enseignées avec une obligation faite aux fidèles de se marier exclusivement entre eux.

Trois ans après sa création fin 2003, le mouvement de Mohamed Yusuf fomente sa première attaque contre des postes de police de l'Etat de Yobé. Des éléments de la secte que l'on pensait réfugiés au Tchad et au Niger ou dans les montagnes Mandara à la frontière du Cameroun, réapparaissent après quatre ans de silence, avec des méthodes très meurtrières. Les symboles de l'Etat et les églises deviennent des cibles particulières. Ils affrontent violemment la police de Kano en 2007[54]. Depuis cette attaque, le mouvement n'a cessé d'élargir sa base sociale et géographique. Parallèlement, il a changé son mode opératoire en ayant recours à des attentats à la bombe, aux attentats-suicides et aux enlèvements.

Même si ses actions sont dirigées contre les Occidentaux et un système de gouvernement corrompu au Nigéria, l'émir de la secte n'incriminait pas totalement dans les faits la culture occidentale. En effet, il avait investi dans le commerce de voitures. Il portait un jean et une montre de luxe au moment de son arrestation. Il utilisait des ordinateurs et des téléphones portables pour ses affaires. Deux de ses enfants étaient dans un collège public nommé Al- Kanemi à Maiduguri[55]. Il fut exécuté avec des centaines de fidèles lors de la violente répression policière de 2009. Le commandement de la secte a été assuré ensuite par une shura (un conseil), composée de douze personnes. Celle-ci repose sur deux principales cellules[56]. La

---

[54] Idem

[55] Marc-Antoine PEROUSE de MONTCLOS, *Boko Haram et le terrorisme islamiste au Nigéria : insurrection religieuse, contestation politique ou protestation sociale ?* , op.cit.

[56] Alain VICKY, *Aux origines de la secte Boko Haram*, Le Monde diplomatique, avril 2012, 16-04-2015, 15h25.

première est le canal historique dirigé par Abubakar Shekau qui concentre ses opérations sur des policiers, des dirigeants politiques et « des imams qui se cachent derrière le manteau de la religion ». La cellule internationale liée au djihadisme international est tenue par des cadres refugiés à l'étranger après la répression de juillet 2009 et dirigée par Mamman Nur.

2- Le mode opératoire

Des attentats à la bombe, des attentats-suicides et des raids semblent être essentiellement le mode opératoire de Boko Haram. Entre juillet 2009 et début février 2012, il a revendiqué cent soixante-quatre attaques, attentats-suicides, exécutions et braquages perpétrés jusqu'au cœur de la capitale fédérale, Abuja, occasionnant plus de 2214 morts.[57] Depuis 2012, la secte tue en moyenne plus de cent personnes par mois.

Avant la répression de Maïduguri en 2009, les militants de Boko Haram opèrent uniquement dans le nord et ne visent pas Jos ou Abuja plus au sud. A l'époque, ils ne touchaient ni aux minorités chrétiennes, ni aux expatriés et s'en prenaient seulement aux institutions gouvernementales, aux représentants de l'Etat nigérian et « aux mauvais musulmans ».

Dans le souci d'apporter une réponse vindicative à la mort de l'émir et à la répression dont font l'objet les « fidèles » de Boko Haram, la secte a activé son aile internationale, en sortant de son fief traditionnel de l'Etat de Borno pour nationaliser le conflit. Alors, les attentats se multiplient contre des casernes militaires, des prisons, des commissariats de police, des bâtiments officiels, des banques, des mosquées ou des églises notamment pendant les fêtes religieuses et des organisations internationales. De plus, Boko Haram fomente un attentat-suicide contre un bâtiment des Nations Unies le 26 août 2011 à

---

file:///E:/Aux%20origines%20de%20la%20secte%20Boko%20Haram,%20par%20Alain%20Vicky%20%28Le%20Monde%20diplomatique,%20avril%202012%29.htm

[57] Op.cit.

Abuja, faisant une vingtaine de morts et plusieurs blessés[58]. L'attaque a montré ainsi la volonté et la capacité opérationnelle de la secte à attaquer des cibles internationales. Le leader de l'aile internationale serait le commanditaire des attaques à répétition visant les lieux de culte chrétiens, dont celui du 25 décembre 2011 à Madalla, dans la banlieue d'Abuja.

Face à la recrudescence de la violence[59], le Président Goodluck Jonathan décide d'agir. Il institue l'état d'urgence dans certains Etats du nord et mobilise plus 26 000 hommes de toutes les unités de l'armée[60] (l'armée de l'air, l'infanterie, la police).

Cependant, selon de nombreux observateurs, la décision du Président a contribué à alimenter la crise, car ses hommes se sont montrés peu soucieux du respect des droits de l'Homme. Certains policiers ont, de façon délibérée, exécuté des présumés suspects, de crainte qu'ils soient relâchés par la justice, faute de prouver leur participation au combat ou leur appartenance au groupe terroriste[61].

Deuxième fait qui a mis à nu la faiblesse du système de défense nigérian, c'est l'enlèvement de plus de deux cents lycéennes, le 14 avril 2014 à Chibock, sous le commandement d'Abubakar Shekau. L'enlèvement a suscité un émoi et des indignations dans la communauté nationale et internationale. Le slogan « Bring back our girls » lancé par la Première dame américaine, Michelle Obama, a été un signal d'alarme auprès

---

[58] Jacob ZEN, Leadership analysis of Boko Haram and Ansaru in Nigeria, CTC Sentinel, février 2014, vol.7, n°2 P.23,https: //www.ctc.usma.edup/wp-content /uploads 2014/02 CTC Sentinel-Vo 17Iss2. pdf.

[59] Saïd DJINIT, représentant spécial du secrétaire général des Nations Unies pour l'Afrique de l'Ouest, *Rapport sur la promotion de la bonne gouvernance, du respect de la légalité, de la défense des droits de l'Homme et de l'égalité des sexes,* 12 avril 2013.

[60] Alkali MUHAMMAD NUR, MONGUNO ABUBAKAR Kawu, Mustafa BALLAMA SHETTIMA, *An Overview of islamics Actors in Northeastern Nigeria,* Nigeria research Network working paper n°2, Oxford, 2012.

[61] Marc-Antoine PEROUSE de MONTCLOS, *Boko Haram et le terrorisme islamiste au Nigéria : insurrection religieuse, contestation politique ou protestation sociale* ? Centre d'études et de recherches internationales sciences Po, Questions de recherche n°40-juin 2012, 32 pages.

des autorités nigérianes et de la communauté internationale afin qu'elles pèsent de tout leur poids pour libérer ces innocentes filles. Certains spécialistes évoquant des sources contradictoires estiment qu'une partie de ces jeunes filles ne sont plus au Nigéria, mais dans les pays limitrophes. Une cinquantaine aurait été aperçue en République Centrafricaine[62]. Depuis, le mouvement ne cesse de mener des actions très meurtrières à l'intérieur du Nigéria et à l'extérieur du pays. Le Cameroun a été victime de plusieurs raids et d'actions kamikazes dans les villes de Kolofata et de Marwa. Le Niger et le Tchad n'ont pas été épargnés. Chacun de ces Etats a été meurtri par des attaques et actions kamikazes de la secte qui sonnent comme une réponse à leur intervention militaire, dans le cadre la force mixte régionale. La technicité avec laquelle les actes macabres de la secte sont commis n'exclut pas le soutien d'une ou de plusieurs organisations terroristes hors du Nigéria.

3- La connexion de Boko Haram avec d'autres mouvements terroristes

Depuis 2011, le nombre d'attentats commis par Boko Haram s'est considérablement accru et son endiguement est devenu un défi pour la sous-région, voire le monde. Use-t-il exclusivement de ses propres moyens pour mener des actions de grande envergure ? Ou alors, est-il possible d'établir une relation entre les islamistes de Boko Haram et les autres mouvements djihadistes ?

Quelques années après sa création et le défi sécuritaire qu'il a d'emblée causé aux dirigeants politiques du Nigéria, le chef charismatique d'Al-Qaïda, Oussama Ben Laden y voyait une bonne opportunité pour pénétrer en Afrique de l'Ouest, jusqu'à cette époque épargnée des méfaits du terrorisme. Il a manifesté sa volonté de récupérer le mouvement. En février 2003, Oussama Ben Laden mentionne que le Nigéria est une cible

[62]Adib Benchérif, *Boko Haram : De l'histoire du groupe à l'enlèvement des lycéennes*, Chaire Raoul-Dandurand, 13 mai 2014.

potentielle[63]. A ce titre, il a tenté d'instrumentaliser le mouvement, afin de l'internationaliser dans ce pays capable de produire « ses propres extrémistes religieux ». Mais Boko Haram, sous l'ère de son émir fondateur, s'est farouchement opposé à toute idéologie trop fondamentaliste, intégriste et surtout importée de l'étranger.

Sur le plan idéologique, Boko Haram ne répond probablement pas à l'idéologie des différents courants islamistes qui traversent le Nigéria, car ses éléments croient aux forces obscures. Ils utilisent des amulettes pour se protéger contre des attaques de la police et de l'armée. Nonobstant l'échec d'Oussama Ben Laden, la secte a été l'objet d'infiltration de certains Nigérians, formés à l'étranger, en l'occurrence Abu Umar, un étudiant de l'université de Khartoum (Soudan). Celui-ci a rencontré Oussama Ben Laden, au milieu des années 1990, avant de passer la main à Mohamed Ali, un disciple du fameux Cheick salafiste, Jafar Adam, assassiné à Kano en 2007. Selon des sources proches des services de renseignement nigérians, une mouvance se réclamant d'Al-Qaïda disposerait de deux cellules dormantes au Nigéria : l'une à Kano sous l'égide d'un certain Abu Yasir et l'autre à Jos, sous la direction d'Al-Bany Aljasawi. L'Algérien Barnawi Khalid, du Groupe Salafiste pour la Prédication et le Combat (GSPC) aurait commencé à financer Boko Haram dès 2006. Fort de ce qui précède, il apparait incontestablement que la mouvance d'Al-Qaïda n'a réussi ni à récupérer le mouvement, ni à recruter des combattants directement au Nigéria, mais plutôt hors du territoire. Cependant, après la mort du père fondateur, les connexions sont dissimulées partout dans le monde. En effet, les actes meurtriers contre l'Etat du Nigéria sont la résultante d'une action concertée[64], préparée savamment et en sous-main par des groupes étrangers en complicité avec des bandits vivant sur le sol nigérian[65]. Durant ces dernières

---

[63] Marc-Antoine PEROUSE de MONTCLOS, op.cit. 32 pages.

[64] Rapport du GAFI, *Financement du terrorisme en Afrique de l'Ouest*, octobre 2013, 50 pages.

[65] Interview du Président Goodluck Jonathan sur France24, le 10 octobre 2014.

années, la secte s'est rapprochée de plusieurs groupes terroristes d'Afrique et d'ailleurs[66]. Ses réseaux extérieurs, dans le contexte africain sont le MUJAO et AQMI. Ils ont assuré des formations sur la technique de prise d'otages, de la guérilla et sur la fabrication des explosifs aux combattants de la secte[67].

La connexion de Boko Haram s'étend également hors du continent. Le 15 février 2015, contre toute attente, Abubakar Shekau, l'émir actuel de la nébuleuse nigériane fait allégeance à l'Etat islamique (EI) en Irak. L'acte s'explique par le fait que les deux filières djihadistes poursuivent le même but : l'établissement d'un Etat islamique et le retour de l'autorité califale. Son rapprochement avec l'EI a entrainé des conséquences considérables. L'une d'entre elles est le changement de dénomination. Les actes terroristes revendiqués par Boko Haram portent la signature de l'Etat islamique de l'Afrique de l'Ouest. L'organisation et le fonctionnement des mouvements terroristes ouest-africains suscitent une question : quelles sont leurs sources de revenus ?

Paragraphe 3 : Les sources de revenus des groupes terroristes ouest-africains

Les sources de financement des groupes terroristes ouest-africains sont de deux ordres : l'une est extérieure (A) et l'autre est interne (B).

A- Le financement extérieur des groupes terroristes

Le soutien extérieur des mouvements terroristes d'Afrique est essentiellement assuré par certains Etats arabo-musulmans,

---

[66]Abib BENCHERIF. Op.cit.

[67] *La vérité des quatre terroristes arrêtés*, déposition de Mohamed Aly Ag Wadoussène, le 12 -2- 2013. Le document nous a été secrètement donné par un officier de la Sécurité d'Etat malien, à la fin de nos échanges, le 9 décembre 2014 au ministère de l'Intérieur et de la sécurité.

principalement l'Arabie Saoudite[68] ainsi que l'Iran. Le terrorisme est vécu par ces Etats comme l'instrument de la libération des musulmans du joug athéiste, soutenu et entretenu par des puissances occidentales.[69] Le financement se fait souvent sous la forme d'une aumône[70], destinée à des guides religieux pour contourner le filet de la police économique des Etats[71]. Des capitaux sont transférés régulièrement sur le compte de certains prédicateurs ou de personnes ayant achevé leur formation universitaire sur le Coran dans ces Etats. Ces fonds, donnés sous la forme d'œuvres caritatives et de charité servent généralement à recruter[72] ou à créer des cellules dormantes, prêtes à passer à l'acte. Trois Etats ouest-africains constituent une destination particulière. Il s'agit de la Côte d'Ivoire, du Mali et du Sénégal. Durant ces dernières années, certains imams de ces Etats ont reçu des fonds, dont une partie devrait être consacrée à la construction et à la réhabilitation des mosquées. L'imam ivoirien arrêté au Nord du Mali, en août 2015 est le fruit de la collaboration entre les services secrets maliens et ivoiriens. Selon un agent des services de renseignement ivoiriens, il s'était rendu au Mali pour rencontrer un ancien touareg djihadiste qui faisait toujours office de renseignement des terroristes. Le choix s'explique par le fait que la majorité de la population de ces pays est de confession musulmane et est traversée par plusieurs courants musulmans. Qu'en est-il au plan interne ?

B- L'autofinancement des mouvements terroristes

Au plan strictement interne, le paiement de rançons constitue l'une des principales sources de revenu des islamistes. Plusieurs

[68] Abderrahim LAMCHICHI, *Pour comprendre l'islamisme politique*, Paris, L'Harmattan, 2001, 170 pages.
[69] Emile H. Malet, *Al-Qaïda contre le capitalisme religion et domination*, Presses universitaires France, 2004, 280 pages.

[70] Jean- Paul NEY et Laurent TOUCHARD, *Le livre noir du terrorisme,* Presse universitaire du Québec, 2004, 294 pages.
[71] *Financement du terrorisme en Afrique de l'Ouest*, Rapport du GAFI, octobre 2013.
[72] Rapport du GAFI, op.cit.

ressortissants européens ont été enlevés, dont la libération a été généralement suivie de paiement de rançons. Les faits sont légions. Le 29 octobre 2013, Daniel Larribe, employé chez Areva, Pierre Legrand, volontaire international, Marc Féret employé chez Sogea-Satom, Thierry Dol, employé chez Vinci ont été libérés par AQMI après trois ans de captivité. Même si le gouvernement français a entretenu un mystère total sur les conditions de leur libération, les milieux sécuritaires des pays du Sahel évoquent le paiement d'une rançon de 30 millions d'euros, au bout de tractations secrètement menées par Moustapha Chafi, un conseiller de l'ex-président Blaise Compaoré, Ibrahim Ag Inawelane, ancien commandant déserteur de l'armée malienne et Mohamed Akotey, ancien ministre nigérien.

De plus, la libération de Serge Lazarevic, enlevé avec son compatriote Gilberto Rodriguez Leal en novembre 2011 à Hombori par AQMI est une autre illustration. Le Français a été libéré le 9 décembre 2014. En contrepartie, quatre présumés djihadistes détenus à la prison centrale de Bamako, dans l'attente de leur procès, ont été libérés. Il s'agit de Mohamed Aly Ag Wadoussène, présumé auteur de l'enlèvement de Serge Lazerevic, d'Haïba Ag Achérif, d'Oussama Ben Gouzzi et d'Habib Ould Mahouloud. Pour la presse malienne, au-delà de cette contrepartie, une rançon de 20 millions d'euros a été payée par la France[73]. Il faut noter que le paiement de rançon ne donne pas tout de suite lieu à la libération. Les ravisseurs disposent de 24 ou de 48 heures pour vérifier non seulement l'authenticité des billets, mais également pour regrouper les otages s'ils sont plusieurs.

Même si ces organisations enlèvent toutes des otages, force est de reconnaître que chacune s'illustre dans une activité de trafic bien déterminée. AQMI s'est spécialisé dans les prises d'otages, tandis que Boko Haram tire officiellement l'essentiel de ses revenus des braquages de banques, des pillages et aussi

[73] *Les dessous de la libération de Serge Lazerevic*, Le Républicain, mercredi 10 décembre 2014, n°3634.

de la cotisation des membres. Quant à MUJAO, la commercialisation de la drogue est sa marque de fabrique. Il dispose à cet effet d'une aile de trafic de drogue et d'autres stupéfiants[74]. Un des couloirs reliant l'Algérie au Nord du Mali, appelé « providence » par les services secrets maliens est jusqu'à présent le sanctuaire du trafic des djihadistes. Par cette trajectoire, passent d'importantes quantités de drogue, provenant de l'Amérique Latine, du Nigéria et de la Guinée-Bissau.

Aussi, le Boeing 727-200, baptisé par la presse malienne « Air cocaïne » a atterri dans le désert fin 2009, avec à son bord environ quarante tonnes de cocaïne d'une valeur estimée à plus de trois cent millions d'euros sous la bénédiction des islamistes[75] . L'appareil provenait de Maracaibo, deuxième ville du Venezuela, ce qui conforte la thèse des services secrets des Etats sahéliens, selon laquelle certains pays d'Amérique Latine et du Golfe encouragent le trafic de drogue via le désert. Bilal Hicham, le chef d'une katiba de MUJAO a été jeté au cachot, pour avoir arrêté des trafiquants de drogue, lors de l'une de ses patrouilles[76].

SECTION 2 : Les causes et les objectifs des groupes terroristes en Afrique de l'Ouest

Toutes les organisations, qu'elles soient légalement constituées ou constituées en violation des législations nationales ou internationales s'assignent des objectifs. Les groupes terroristes ne dérogent pas à la règle. Ils ont des revendications (paragraphe 1) et des objectifs (paragraphe 1).

[74] Entretien de l'auteur avec un officier de la police des stupéfiants du Mali qui a requis l'anonymat, le 10 décembre 2014.
[75] Serge DANIEL, op.cit,
[76] ibidem.

Paragraphe 1 : Les causes du foisonnement du terrorisme en Afrique de l'Ouest

Les revendications des terroristes sont nombreuses. Sans être exhaustifs, nous en énumérons quelques-unes. Elles concernent l'aspect politique et le domaine « civilisationnel » en passant par le volet économique et social.

A- Les causes politiques

Les causes politiques semblent être l'argument de poids de plusieurs organisations terroristes en Afrique de l'Ouest. Dans tous les cas, les faits montrent que le but politique prime sur les tactiques de terreur et les activités criminelles, bien que le recours à ces pratiques, ou au contraire leur non-mobilisation dépende de la discipline idéologique du leadership politique. Les raisons politiques s'inscrivent dans un contexte global de la politique internationale dont le point de départ est après la seconde Guerre mondiale. L'impossibilité des deux blocs après la seconde Guerre mondiale à proposer une alternative politique crédible a favorisé l'émergence des mouvements terroristes les plus radicaux. Ces vecteurs de la terreur portent chèrement le projet de bâtir une société fondée sur « des valeurs », celles de la charia, la norme de référence. La vie en société et les institutions de l'Etat sont organisées conformément à la charia[77]. La police nationale, détentrice de la puissance publique doit assurer son application. Des chirurgiens et des anesthésistes agréés doivent superviser l'amputation des voleurs[78].

Dans cette entité politique, la femme occupe une place dégradante, nonobstant les efforts consentis par plusieurs gouvernements et des organisations internationales en faveur de l'égalité des sexes. Pour les islamistes, le péril le plus grave qui guette la société musulmane actuelle est l'occidentalisation de la femme. La confusion des rôles, l'ambition des femmes

---

[77] Abderrahim LAMCHICHI, *L'islam et la modernité*, Paris, L'Harmattan, 2008, 220 pages.

[78] Marc-Antoine PEROUSE de MONTCLOS, *Le Nigéria à l'épreuve de la Sharia, Etudes*, 2001, 120 pages.

d'égaler l'homme risquent d'entrainer la décadence et la déperdition de la société et de sa tradition[79]. La femme étant considérée comme un facteur de discorde (fitna), il faut donc lui imposer le voile (synonyme de pudeur)[80]. L'organisation de la vie politique et institutionnelle selon la charia, vise à préserver le citoyen du châtiment divin après la mort biologique.

Une telle conception conduit les idéologues de l'islamisme à refuser le paradigme de la liberté individuelle et des droits de l'Homme. Ils préfèrent s'en tenir à l'affirmation d'une société communautariste, constituée exclusivement de fidèles soumis à la loi divine et développant une perception holistique du social. Ils ne peuvent accepter l'idée que la société moderne sécurisée et complexe puisse être fondée sur le droit humain, le loyalisme civique et le contrat social[81].

D'une manière générale, les islamistes refusent la modernité, perçue comme allogène et déstructurante, fondée sur l'universalité des droits de l'Homme. Elle est violemment rejetée car, pour des dignitaires musulmans, les actes humains dépendent d'un décret divin ; l'homme ne saurait réclamer de droits dans l'absolu. Seuls les droits de Dieu (Huqûp-Allah) s'imposent aux musulmans. Toute idée de droit de l'homme est une hérésie, importée de « l'Occident mécréant[82] ». C'est dans ce contexte qu'Abubakar Shekau est intransigeant sur le projet de création du califat, considéré comme un instrument fédérateur et le garde-fou des valeurs originales de l'islam.

B- Les causes « civilisationnelles »

La suprématie de l'islam au milieu de nombreuses civilisations du monde est aussi le sens du combat des groupes terroristes. Pour de nombreux islamistes, l'islam a subi une pression concertée de l'Occident, un déclassement de son rang

---

[79] Farhad KHOSROKHAVAR, *Femmes sous le voile face à la loi islamique*, Paris, Félin, 1995, 240 pages.
[80] Abderrahim LAMCHICHI, *Pour comprendre l'islamisme politique*, Paris, L'Harmattan, 2001, 174 Pages.
[81] Abderrahim LAMCHICHI. Op. cit.
[82] Abderrahim LAMCHICHI. Ibidem.

« civilisationnel ». La civilisation islamique a perdu son rang dominant dans la région ou dans le monde, du fait de la colonisation franco-britannique. Il convient donc à travers la lutte de le reclasser comme valeur universelle de l'humanité, en le faisant triompher du système politique, économique et culturel hégémonique. Il s'agit-là d'un rejet de la modernité. L'Ayatollah Muhammad Baqir al-Sadr, un influent chiite irakien affirmait que : « Le *monde tel qu'il est aujourd'hui est tel que d'autres (les non-musulmans) l'ont façonné. Deux choix s'offrent à nous : ou l'accepter avec résignation, ce qui signifierait laisser mourir l'islam, ou le détruire pour pourvoir construire le monde tel que l'exige l'islam. Alors, ce qui convient est de rallier les musulmans sous l'Umma, afin de revenir à un islam originel, qui n'est possible que par une scission totale avec l'Occident* [83]».

Aussi, pour les islamistes, la justice de Dieu devrait-elle être la norme de référence, car celle des humains est conçue à des fins dénominatives. Il appartient donc aux musulmans d'œuvrer à l'instauration d'un « monde juste » fondé sur des valeurs inspirées de l'absolu et non celui soumis aux aléas des rapports de force. Même s'ils n'évoquent pas expressément la guerre israélo-palestinienne, force est de constater qu'elle est vécue dans bon nombre de mouvements terroristes ouest-africains comme l'expression d'une injustice sociale, orchestrée et encouragée par les kafrs[84], en première ligne les Etats-Unis. C'est également au nom de cette soif de justice que la secte nigériane dans sa phase de gestation exigeait la répartition équitable des ressources publiques. Car, pour elle, le Nord majoritairement musulman est délaissé par les gouvernements d'Abuja. Alors quels sont les objectifs des terroristes ?

---

[83] Jean-Paul NEY, Laurent TOUCHARD, *Le livre noir du terrorisme*, Paris, DMP collection La Pieuvre Noire, 2004, 252 pages.

[84]Désigne les mécréants qui brûleront dans le feu attisé d'Allah, selon la tradition islamique. Elle se fonde sur l'idée selon laquelle, Dieu n'a pas engendré et il n'a pas été engendré et nul n'est égal à lui.

Paragraphe 2 : Les objectifs des mouvements terroristes

Pour cerner les objectifs des mouvements terroristes dans leur globalité, il faut établir une distinction entre le terrorisme idéologique (A) et le terrorisme nationaliste (B).

A- Le terrorisme idéologique

Il naît généralement à l'intérieur de l'Etat et s'affiche comme le défenseur incontesté des secteurs exclus ou dominés de la société[85]. L'un de ses buts recherchés, en dehors de la promotion du vernis idéologique est de projeter le simple citoyen dans un schéma d'insécurité permanente, de lui faire prendre conscience que personne ne pourra le protéger, et surtout pas le gouvernement qu'il a porté au pouvoir. En clair, il vise une déstabilisation aux conséquences diverses, une perte de confiance et de repères, une paranoïa aiguë, syndrome de la persécution, un sentiment d'insécurité. Ce qui a pour effet la commission d'innombrables actes terroristes, kamikazes, attentats ciblés. Khalid Cheick Mohammed, l'un des lieutenants les plus anciens et les plus proches d'Oussama Ben Laden, a expliqué que l'attaque du 11 septembre 2001[86] contre les tours jumelles de World Trade Center aux Etats-Unis n'est pas fortuite. Elles sont le symbole de la puissance économique, politique et militaire des Etats-Unis. Cette situation vise à susciter des sentiments insurrectionnels et de rébellion. Ne se sentant plus en sécurité, les citoyens se livrent à des actes de désobéissance, à la remise en cause des institutions de la République et de l'autorité qui l'incarne. Pourtant, la légitimité est le fondement même de l'existence et de la perpétuation de l'Etat, avec son contrôle sur la société[87]. Il est bon de souligner que la sous-région est confrontée au terrorisme idéologique. Qu'en-est-il du terrorisme nationaliste ?

---

[85] Abderrahim LAMCHICHI, *L'islamisme en question(s) histoire et perspectives méditerranéennes*, Paris, L'Harmattan,, 2009, 174 pages.

[86] Jean-Paul NEY et Laurent TOUCHARD, op.cit.

[87] Aurélie CAMAPANA, Gérard HERVOUET, *Terrorisme et insurrection*, Presse universitaire de Québec., 2005, 265 pages.

B- Le terrorisme nationaliste

Il résulte de la défaite militaire de l'Etat. Considéré parfois comme l'arme du pauvre, il vise à compenser la faiblesse militaire des organisations ou de l'Etat qui le pratiquent face aux moyens considérables déployés par l'Etat contesté ou la puissance étrangère. Le recours à des scènes abominables et des plus abjectes, particulièrement meurtrières devient le mode d'action. Il peut s'agir des détournements d'avions, des attentats commis à l'aveuglette et des voitures piégées. Ceux-ci visent à atteindre les médias pour frapper les esprits[88].

Secundo, il peut s'agir d'inspirer aux citoyens et aux « gouvernants apostats [89]» la crainte d'un traumatisme collectif, générateur d'une spirale de violences non maitrisées, visant à délégitimer ou à renverser le régime par l'utilisation d'actes effroyables qui obligent l'Etat en question à négocier[90]. Pour y arriver, les terroristes mettent la question nationaliste au centre des préoccupations nationales et internationales pour briser le lien entre les populations autochtones et leur occupant. La galvanisation de l'opinion publique nationale est généralement accompagnée de discours ou de répressions contre la force d'occupation. L'histoire montre que l'arme fatale dont dispose certains mouvements terroristes a eu raison de certaines forces étrangères, nonobstant leur puissance militaire et hautement technologique. Les cas irakien et afghan sont des exemples en la matière. Les actes ignobles auxquels s'adonnent les terroristes pour des raisons dont eux seuls détiennent le secret ne sont pas sans conséquences désastreuses pour l'humanité.

---

[88] Xavier RAUFER, Alain CHOUET, *De l'islam radical*, Paris, CNRS édition, 2007, 387 pages.

[89] Personne qui a renié publiquement ses convictions politiques, intellectuelles ou religieuses.

[90]Abderrahim LAMCHICHI. Op. cit.

CHAPITRE 2 : LES EFFETS DU TERRORISME

De tous les désastres, la guerre, les catastrophes naturelles (séismes, inondations), le terrorisme est l'un des fléaux qui affectent considérablement la vie politique nationale et sous-régionale (SECTION 1). Dans le même élan, les systèmes économiques ne sont pas à l'abri, surtout ceux d'Afrique de l'Ouest qui sont encore sous perfusion (SECTION 2).

SECTION 1 : L'impact politique et institutionnel du terrorisme

L'Etat est le garant des libertés individuelles et collectives dans la mesure où il canalise les agissements de chaque citoyen pour faire régner l'ordre et la justice. Le contrat social, basé sur le respect mutuel dont il assure la protection est l'essence même de l'harmonie du corps social. Cet idéal sociétal, longtemps rêvé par l'humanité, est en train d'être galvaudé par un groupuscule d'individus aux desseins inavoués. Ils se servent de la religion musulmane, arbre de paix et de concorde, pour justifier leur volonté de nuire à l'architecture politique et institutionnelle des Etats (paragraphe 1) de même qu'aux économies (paragraphe 2).

Paragraphe 1 : La désorganisation du système politique

L'intégralité de l'insurrection du terrorisme est calquée sur trois phases graduelles. La première consiste en la création d'un soutien au sein de la population afin de faciliter le recrutement et de garantir à l'organisation un sanctuaire au sein de l'Etat. La seconde est la guérilla, qui se manifeste dans des attaques à petite échelle, menées quasi-quotidiennement contre le gouvernement et la population. Ces attaques visent à mettre l'exécutif au pied du mur en le coupant du peuple[91]. La terreur apparait donc en ce sens, comme l'un des éléments les plus efficaces pour déstabiliser un régime. Le dernier élément est la coercition qui consiste à utiliser la violence pour contraindre le gouvernement à modifier la forme républicaine de l'Etat, sous la menace de propos virulents, de l'incitation à la haine tribale et religieuse et de l'intensification des violences.

Une autre stratégie de déstabilisation mise en œuvre par des terroristes consiste à trouver des refuges au sein de la population en ayant pour cibles prioritaires les symboles de l'Etat. L'Etat, voulant assurer la sécurité de la zone tenue par des terroristes fait souvent des victimes collatérales. La bavure involontaire irrite la population qui estime que l'Etat n'a pas pris les mesures nécessaires et suffisantes pour assurer la sécurité et qu'elle est sa victime. Généralement, la conséquence qui en découle est la désolidarisation ou la révolte de la population. Dans certains pays ou dans certaines localités, elle cesse de collaborer avec l'armée nationale. Pourtant, la collaboration de la population est essentielle pour le succès des opérations militaires de type asymétrique. La secte Boko Haram semble avoir réussi la tactique. Les membres de cette organisation ont, par des actes ostensiblement provocateurs, amené le gouvernement de Goodluck Jonathan à organiser des expéditions punitives au Nord du pays, berceau de la contestation islamiste. Les libertés individuelles et collectives ont été ignorées. Des fouilles systématiques de mosquées, des arrestations abusives et des assassinats ciblés ont été organisés. Conséquence : absence véritable de collaboration de la population avec l'armé loyaliste, perçue désormais comme un potentiel bourreau. La déstabilisation de la vie politique rejaillit sur les institutions.

---

[91] Sami AOUN, Louis BRUNET, *Comprendre l'acte terroriste*, Presse de l'université du Québec, 2003, 145 pages.

Paragraphe 2 : L'impact institutionnel

Les institutions constituent les premiers piliers de l'exercice de la démocratie. Elles consacrent la séparation des pouvoirs. De ce point de vue, la paix sociale et la justice sont garanties à tous. Autrement dit, les citoyens sont égaux devant les lois de la République. A l'opposé, la méthode terroriste détériore le pacte social entre les gouvernants et les gouvernés, en ce qu'elle empêche ou ralentit le fonctionnement normal de l'Etat. Le cas malien est frappant. Assiégé au nord par les mouvements djihadistes, le gouvernement d'Amadou Toumani Touré a peiné à faire asseoir l'autorité de l'Etat, tant au nord qu'au sud. Ce qui lui vaut un coup d'Etat en mars 2012, orchestré par le capitaine Amadou Aya Sanogo. Sommé par la Communauté Economique des Etats de l'Afrique de l'Ouest de céder le pouvoir dans le respect de la Constitution, le capitaine putschiste continua de poser des actes subversifs. Le président intérimaire, Dioncounda Traoré, fut lynché au palais présidentiel par des individus qui continuent de courir dans les rues de Bamako. Au Nigéria, la désintégration de la population a été importante. Certaines populations se sont senties abandonnées car l'Etat qu'elles ont soutenu n'est pas en mesure de leur assurer la sécurité et la quiétude. Qu'en-est-il des conséquences sociales et humaines du terrorisme ?

SECTION 2 : Les conséquences économiques et sociales

Depuis l'avènement de l'hyper terrorisme, l'économie demeure l'un des secteurs les plus affectés. Cela se matérialise par la fuite des capitaux, généralement l'œuvre de criminels transnationaux et son effondrement, lié à l'insécurité générale et permanente. De même, les déplacés de guerre et l'utilisation de certaines armes créent des conséquences écologiques et sociales énormes.

Paragraphe 1 : Une perte énorme pour l'économie

Les décennies de crises militaro-politiques, faisant suite au processus de démocratisation ont plongé l'économie nationale et sous-régionale dans un marasme. La prise de conscience et la nécessité de bâtir un environnement de paix auraient favorisé le redémarrage du système économique. Cependant, la montée de l'extrémisme religieux dans la bande sahélienne est en passe d'engloutir les efforts. En effet, les secteurs comme le tourisme, le transport et les voyages d'affaires, poumons de l'économie des Etats du Sahel sont menacés au plus haut niveau. Pourtant, l'apport de ces secteurs est substantiel pour ces Etats aux infrastructures limitées et aux ressources naturelles quasi-inexistantes. Les grands sites touristiques, particulièrement les mausolées de Gao et les grandes mosquées à terre battue de Tombouctou ont été mis à sac. L'insécurité permanente et croissante au Mali et au Nigéria a considérablement affecté les activités touristiques au Niger. Les Occidentaux qui sont la cible prioritaire des islamistes ont dû changer de destination. Leurs gouvernements respectifs présentent les pays sahéliens en proie aux attaques récurrentes comme des zones « à haut risque ».

Parallèlement, le commerce du poivre et de poissons étant la principale source de revenus des populations de la région de Diffa, au Niger, tourne fortement au ralenti. En effet, par mesure de précaution, les autorités ont interdit le commerce du poivre avec le Nigéria afin d'éviter des infiltrations. De même, le transport des taxis-motos a été interdit[92] car ces engins sont fréquemment utilisés par Boko Haram pour commettre des attentats.

Les activités individuelles paient également le lourd tribut des effets de l'islamisme. Aly Oumar Traoré, un homme de 35 ans, de nationalité malienne respire la haine quand il aborde la question du terrorisme. Et pour cause, son complexe hôtelier,

---

[92] Selon un rapport cité par RFI le 24 mai 2016, le commerce de poissons rapportait plus de 30 milliards FCFA par an et celui du poivre était estimé à plus de 25 milliards de FCFA par an.

ayant été construit à des millions de FCFA, a été détruit par des combattants du MUJAO. Selon lui, le complexe, étant le lieu préféré des hommes politiques et d'affaires européens et africains, réalisait en moyenne cent mille FCFA de gain journalier. La situation d'Aly Oumar Traoré est identique à celle de plusieurs citoyens.

Paragraphe 2 : L'impact du terrorisme au plan social

Le terrorisme est passé en ce début du 3ème millénaire de simples avertissements à une menace réelle, plongeant l'humanité dans ce qu'il pouvait y avoir de plus irréel : des morts par milliers, des édifices publics et privés construits à coût de milliards s'effondrent. L'impact psychologique découlant de cette barbarie inouïe est énorme. Les populations vivent dans une psychose permanente car elles ne se sentent plus protégées même là où elles se sentaient en sécurité[93]: grands magasins, bureaux, transports en commun.

Au titre des dommages collatéraux, l'expérience a montré qu'il y a une très grande différence entre les dégâts causés par le terrorisme et l'ampleur des réactions qu'il suscite. La riposte provoque parfois des souffrances indicibles. Cette situation de guerre permanente oblige certaines entreprises à mettre la clé sous le paillasson. En conséquence, des milliers de personnes se trouvent sans emploi. Que dire alors de l'éducation ? En période de guerre, les écoles et les universités sont fermées. Les élèves de la région de Diffa, au Niger, n'ont connu que quatre mois de cours. L'harmonie sociale s'effrite et le mur de méfiance s'accroît. De la suspicion naissent des sentiments de haine. Le clivage idéologique et ethnique prend des proportions inquiétantes.

Les conséquences humanitaires sont également énormes. L'affrontement entre les combattants islamistes et les armées nationales entraine des milliers de refugiés et des déplacés. Ils

---

93 Jean-Paul NEY et Laurent TOUCHARD, op.cit.

sont généralement accueillis sous des tentes de fortune aux conditions hygiéniques déplorables. Le Haut-Commissariat des Nations Unies aux Réfugiés (HCR) n'a cessé de tirer la sonnette d'alarme sur les conditions de vie de près de deux-cent mille réfugiés nigérians et nigériens, répartis dans 104 sites dans la région de Diffa.

A ce stade de notre réflexion, il apparait clairement que l'espace ouest-africain est frappé par plusieurs organisations terroristes. Ces mouvements terroristes menacent non seulement sa sécurité, mais également son architecture politique en pleine construction et son économie encore sous perfusion. Les sources de financement de la nébuleuse Al-Qaïda sont diverses. Elles sont pour l'essentiel le trafic des êtres humains, de la drogue, de cigarettes et des prises d'otages. Ainsi, face au risque de désintégration ou d'implosion de la société ouest-africaine, des réponses appropriées de la CEDEAO sont indispensables.

TITRE 2

LES MECANISMES ET LES STRATEGIES DE LA CEDEAO CONTRE LE TERRORISME

Créée en 1975, la Communauté Economique des Etats de l'Afrique de l'Ouest (CEDEAO) avait pour but de promouvoir la coopération, l'intégration et le développement économique entre les Etats membres. Cependant, à partir de 1989, elle est confrontée à une série de crises politiques, de conflits et de guerres civiles qui l'obligent à étendre ses activités à la promotion de la paix et à la sécurité dans la sous-région. En effet, au début des années 1990, l'Afrique de l'Ouest s'est embrasée, en proie à des conflits intra-étatiques aux effets dévastateurs pour la société et pour les Etats.

Ces conflits ont également mis en exergue la notion et la force de l'ethnicité. Ils ont révélé de profonds problèmes en termes de cohésion sociale et de dysfonctionnements dans la gouvernance politique, économique et sécuritaire, dans un contexte nouveau de transformation démocratique de la sous-région et du continent. D'une violence inégalée en Afrique si l'on excepte le génocide rwandais, ces crises ont engendré des souffrances indicibles, en particulier à l'endroit des femmes et des enfants, posant ainsi les questions cruciales de justice transitionnelle et de lutte contre l'impunité. Aujourd'hui, l'Afrique de l'Ouest doit faire face à une nouvelle forme de criminalité, dont les acteurs sont presque invisibles ou du moins non territorialisés. Il s'agit de la montée en puissance de l'islamisme radical.

Face à cette menace de nature transnationale, les peuples et les dirigeants de cette partie du continent se sont mobilisés notamment dans le cadre de leur organisation (CEDEAO) en vue d'élaborer des mécanismes de lutte contre l'instabilité politique, économique et sociale et par-delà contenir la menace djihadiste de façon commune (CHAPITRE 1) et de soutenir les

Etats membres dans la multiplication ou le renforcement des initiatives nationales (CHAPITRE 2).

CHAPITRE 1 : LE SYSTEME ANTITERRORISTE DE L'INSTITUTION SOUS-REGIONALE

Deux ans après la création de la CEDEAO, les actions de l'organisation, principalement axées sur la promotion de la coopération, de l'intégration et du développement économique se sont heurtées aux réalités sécuritaires, menaçant globalement les Etats membres. La prise en compte de cette situation a permis la signature de plusieurs accords et protocoles. En effet, le 9 juin 1977, les Etats signent, à Abidjan l'accord cadre de non-agression en matière de défense (ANAD). Une année plus tard, le protocole de non-agression a été signé à Lagos (Nigéria) le 22 avril 1978 puis celui de Freetown (Sierra-Léone) le 29 mai 1981 portant sur l'assistance mutuelle en matière de défense. Ces différents textes montrent manifestement la volonté de l'organisation de garantir la défense des Etats membres.

A cette époque, l'environnement sécuritaire était essentiellement marqué par la fréquence des coups d'Etat (Nigéria, Bénin, Niger) et des agressions interétatiques (conflit entre le Mali et le Burkina Faso) généralement suscitées par des différends territoriaux. Au moment où l'on observe, d'une manière générale, la disparition progressive de ces types de menace, grâce à un effort de démocratisation des Etats, une autre menace se profile à l'horizon, cette fois-ci caractérisée par la montée en puissance de l'extrémisme religieux.

Face à cette nouvelle forme de menace, la Communauté Economique des Etats de l'Afrique de l'Ouest a mis en place plusieurs mesures pour assurer la sécurité et la paix collective. De ce fait, elle a révisé son traité fondateur en 1993 à Cotonou. En 1999, elle a adopté un Mécanisme de prévention, de gestion de règlement des conflits, de maintien de la paix et de la sécurité. Le texte prévoit, entre autres, des dispositions préventives (SECTION 1) et des moyens de rétablissement de la paix et de la sécurité (SECTION 2).

SECTION 1 : La diplomatie préventive

C'est un ensemble de mesures adoptées pour éviter l'éclatement des conflits ou celles prises lorsqu'ils ont déjà éclaté. Il s'agit, concrètement, de comprendre la situation d'un conflit, c'est-à-dire avoir une bonne connaissance du terrain, des faits et des tendances mondiales afin d'anticiper sur les événements. « L'Agenda pour la paix » de l'ex-secrétaire général de l'ONU Boutros Boutros Ghali, publié en 1992, traite en son point III, la notion de la diplomatie préventive. Celui-ci a édicté un certain nombre de mesures qui visent à apaiser les tensions avant qu'elles ne provoquent un conflit ou à agir rapidement pour circonscrire et éliminer les causes sous-jacentes.

Pour prévenir les situations de crise et pour les juguler, la diplomatie préventive appelle à la collaboration de tous les acteurs du développement (ONU, institutions de Bretton Woods, gouvernements et organisations de la société civile) afin qu'ils réfléchissent aux causes profondes des conflits.

Aussi, au niveau mondial, le secrétaire général de l'ONU encourage-t-il l'envoi de missions de prospection et de détection de tensions, à titre de mesure immédiate de prévention des crises. Enfin, il propose la création d'un secrétariat à l'information et à l'analyse qui se charge de recueillir des informations, de signaler aux responsables les situations d'urgence et d'offrir des analyses politiques, militaires, économiques et humanitaires relatives aux droits de l'Homme.

Les orientations de Boutros Boutros Ghali ont inspiré les doctrines politiques et diplomatiques de la CEDEAO. En effet, pour prévenir ou juguler une crise, l'organisation fait montre des mesures édictées par la diplomatie préventive. Elle constitue un élément important dans le dispositif de lutte contre le terrorisme et autres formes de criminalités transfrontalières. Elle a permis d'asseoir des institutions policières solides. Celles-ci œuvrent prioritairement à une meilleure collaboration entre les Etats (paragraphe1). L'approche sécuritaire étant insuffisante, l'organisation a inclus dans ses démarches la dimension politique, économique et sociale (paragraphe 2).

Paragraphe 1 : La coopération juridique et policière

A- La réunion des ministres de la Sécurité

Pour plus d'efficacité dans la lutte contre la grande criminalité (terrorisme, prolifération des armes légères, trafics de drogue), la CEDEAO a mis en place des institutions dotées de pouvoirs spécifiques. Ce sont la Conférence des chefs d'Etat et de gouvernement, le Conseil de médiation et de sécurité et le Secrétariat exécutif, devenu la Commission. Le Conseil de médiation et de sécurité est l'équivalent du Conseil de paix et de sécurité de l'Union Africaine. Il est doté de pouvoirs spéciaux en matière de sécurité. Il exhorte les autorités en charge de la sécurité des Etats membres à échanger leurs expériences par des rencontres périodiques et l'envoi des missions militaires[94]. C'est d'ailleurs sous son autorité que se tiennent une fois dans l'année, les réunions des ministres de la Sécurité, des Affaires étrangères et de la Défense. Ces rencontres visent à examiner la situation politique, particulièrement sécuritaire de la sous-région. Les recommandations des différentes réunions sont soumises à la Conférence des chefs d'Etat et de gouvernement (organe suprême) pour des analyses synoptiques, afin d'aboutir à la prise des décisions qui s'imposent.

De même, des réunions périodiques sont instituées au niveau du Comité des chefs de police d'Afrique de l'Ouest (CCPAO). L'objectif est de peaufiner des stratégies communes de traitement d'informations liées à la criminalité transfrontalière[95]. Au cours de ces assises, les directeurs de police des Etats membres réfléchissent à tous les mécanismes

---

[94] L'article 11 du Protocole relatif au Mécanisme de prévention, de gestion, de règlement des conflits, de maintien de la paix et de la sécurité.

[95] Compte- rendu de la réunion du Comité des chefs de police de l'Afrique de l'Ouest (CCPAO) du 25 juin 2014 à Abuja.

possibles pour renforcer la collaboration entre les entités policières de l'espace CEDEAO, à la surveillance des frontières, à l'examen de la faisabilité et aux méthodes de la mise œuvre des différentes recommandations faites par les ministres de la Justice et de la Sécurité. Le CCPAO réfléchit également à l'harmonisation des législations et aux accords favorisant des échanges sur les régimes juridiques de la lutte contre le terrorisme et la criminalité transnationale. C'est dans ce contexte qu'a eu lieu la réunion du 25 juin 2014 à Abuja, au Nigéria, portant sur le thème : « Le renforcement des capacités des Etats membres de la CEDEAO en matière de prévention de la criminalité à travers l'obtention de forces de police efficaces par la coopération et l'échange des informations » : *Les Etats communiqueront les caractéristiques de leurs unités nationales et échangeront entre eux des informations relatives aux autorités compétentes, ainsi que la liste actualisée des unités. Ces informations seront traduites et envoyées par le Secrétariat de la CEDEAO à toutes les unités spécialisées (autorités centrales), habilitées à traiter des demandes et d'autres questions qui peuvent se poser*[96].

Le Département des Affaires politiques, paix et sécurité dirigé par Salamatu Hussaini Suleiman a instruit les Etats membres à créer des services spécialisés au sein des ministères en charge de la Justice, de la Défense et de la Sécurité. Ces services doivent être dotés de personnel qualifié et équipés de moyens de communication pour assurer la coordination et la centralisation des questions de coopération, notamment dans le domaine de l'assistance mutuelle en matière pénale et de demandes d'extradition[97].

Par ailleurs, le Département encourage les Etats à rendre plus fonctionnelles et plus efficaces leurs législations nationales en conformité avec la Convention de la CEDEAO relative à

---

96 L'article 46 du Chapitre X, du protocole relatif au Mécanisme de prévention, de gestion, règlement des conflits, de maintien de la paix et de la sécurité.

97 Op.cit.

l'entraide judiciaire, en matière pénale et à l'extradition. Il exige par la même occasion la prise en compte et le traitement impératif des avis rouges ou alertes, émis par l'organisation internationale de police criminelle (Interpol)[98].

B- Les organes de police de la Communauté

Il existe, actuellement, deux organes de police de la CEDEAO. Il s'agit de l'office de renseignement et d'investigations criminelles (ORIC) et le centre de prévention de justice criminelle (CPJC).

L'ORIC est chargé de traiter les informations et assure sa diffusion à l'ensemble des institutions de police des Etats membres. Il assure, par ailleurs, une meilleure collaboration et coordination entre les polices de la sous-région. Ledit organe est incontournable dans le dispositif stratégique de lutte contre les pires formes de criminalité. En effet, sa pleine opérationnalisation permet d'alerter de façon permanente et ponctuelle les Etats membres sur l'état de la menace.

Le CPJC, quant à lui, veille à l'application des textes et au renforcement des coopérations interétatiques. Le Département des Affaires politiques et de sécurité lui confère des pouvoirs de lobbying, en matière d'harmonisation des textes législatifs et réglementaires. Le centre de prévention de justice criminelle encourage également les Etats à s'assister mutuellement, notamment dans le domaine judicaire et de la lutte contre la criminalité transfrontalière. Il veille et supervise l'application des conventions signées par les Etats, particulièrement dans le domaine de la sécurité et de la justice. A côté des organes opérationnels, la CEDEAO a créé des entités qui luttent contre les transferts illégaux des capitaux et la circulation illicite des armes.

---

[98] L'article 22 de la Convention de la CEDEAO sur l'extradition et l'entraide judicaire.

C- La création du GIABA

La dimension sécuritaire, politique et sociale semble être insuffisante dans la lutte contre le terrorisme transnational. Cela s'explique par la multiplication des réseaux financiers internationaux, utilisés par les acteurs du phénomène. La CEDEAO a créé, en 2000, le groupe intergouvernemental d'action et de lutte contre le blanchiment d'argent (GIABA)[99]. Il est chargé de mettre en place des instruments juridiques et institutionnels pour lutter contre le blanchiment d'argent, à travers un système de protection bancaire qui empêche la circulation désordonnée des capitaux. Il accompagne également les Etats dans le processus d'adoption d'une législation nationale.

L'organisme œuvre au développement politique et sensibilise surtout les décideurs politiques qui ont un besoin énorme en capitaux pour le développement et qui ne se soucient pas assez de leur provenance. Le GIABA évalue les progrès accomplis et l'efficacité des mesures prises pour lutter efficacement contre ce fléau.

D- La Convention sur la circulation des armes légères

La CEDEAO est l'une des premières organisations sous-régionales à avoir pris la problématique de la circulation des armes légères à bras le corps. Elle s'est dotée d'un instrument juridique à l'aube de 2006, appelé « Convention de la CEDEAO sur les armes légères et de petit calibre, leurs munitions et autres matériels connexes ».

Cet outil juridique interdit le transfert d'armes légères vers et à partir des territoires des Etats membres ainsi que d'équipement servant à leur fabrication à des acteurs non-étatiques. Elle dispose d'une marge de manœuvre : le marquage et le traçage, le contrôle du courtage, la gestion et la sécurisation des stocks et le contrôle de la détention des armes par des civils. Elle interdit également le transfert des armes à des acteurs non-étatiques.

---

[99] L'article 49, op.cit.

La Convention a une portée contraignante pour ceux qui l'ont adoptée, en ce sens que tout contrevenant s'expose à des sanctions.

Paragraphe 2 : Les réponses politiques, sociales et économiques

A- Les mécanismes politiques

Les élections, l'un des piliers de la démocratie et de la liberté, sont malheureusement sources d'instabilité et de chaos dans de nombreux Etats ouest-africains. L'instabilité politique et institutionnelle permanente apparaît aux yeux de bon nombre d'observateurs comme une situation favorable à l'expansion ou à l'installation des terroristes islamistes. « Le terrorisme pousse là où il y a un Etat de non droit [100] ». Consciente de cette situation, la CEDEAO suit de près l'organisation et le déroulement des scrutins dans les Etats membres. Elle tente d'appliquer les textes, conformément aux exigences du Protocole additionnel de 2001 (Dakar) sur la bonne gouvernance et les élections. De ce fait, elle a créé des structures spécialisées, notamment le RESAO, qui encouragent les Etats à préserver un climat de paix avant et après les élections. La CEDEAO interdit aux Etats membres de procéder à des réformes substantielles de la loi électorale dans les six mois précédant le scrutin[101].

Toujours au titre de la prévention des violences électorales, la CEDEAO interdit le changement des Constitutions ou des textes électoraux à six mois du scrutin. Elle appelle, par ailleurs, les uns et les autres à garantir la neutralité des organes en

---

[100] Interview de Marc-Antoine PEROUSE de MONTCLOS sur RFI, le 30 mars 2014 dans les éditions de 12h 30.

[101] L'article 4 du Protocole A/SP1/12/01 sur la démocratie et la bonne gouvernance, additionnel au Protocole relatif au mécanisme de prévention, de gestion, de règlement des conflits, de maintien de la paix et de la sécurité.

charge des élections, afin que ceux-ci puissent avoir la confiance des partis politiques et de la société civile[102].

Cette politique semble avoir donné des résultats probants. La forte implication de l'organisation dans le processus électoral au Mali a permis d'éviter le chaos institutionnel à cet Etat qui souffrait déjà d'un déficit sécuritaire sans précédent. Elle a également apporté une aide substantielle aux Etats libérien, sierra-léonais, nigérien et ivoirien lorsque que ceux-ci étaient confrontés à l'épineuse question de transition politique.

B- La stratégie économique et sociale

« La pauvreté et le chômage juvénile constituent l'une des menaces les plus graves à la sécurité et à la paix sociale », avait affirmé Olusegun Obasanjo. La pensée de l'ancien président de la République fédérale du Nigéria colle bien évidemment à la réalité vécue par Cheick Bouré, dit Abou Béchir et Hassani Ould Abdallah, alias Abou Saïd, deux jeunes Touaregs maliens inculpés par la justice de leur pays pour des faits de terrorisme perpétrés au nord, lors de l'annexion du territoire par des groupes islamistes. Ils ont affirmé au cours de leur procès en assises à la cour d'Appel de Bamako que la pauvreté et le dénuement ont été la cause essentielle de leur engagement aux côtés des mouvements terroristes. Frappées par la misère, ces recrues percevaient chacune du MUJAO une rémunération mensuelle de 120.000 FCFA.

Face à cette situation, les Etats membres se sont engagés à assurer les besoins et services essentiels à leurs populations. Il s'agit, entre autres, de la création d'un environnement propice à l'investissement privé, au développement du secteur privé en le rendant dynamique et compétitif, de la mise en place des instruments nécessaires à la promotion de l'emploi et au développement des secteurs sociaux, d'une répartition équitable des ressources et des revenus et de l'éducation à la tolérance

---

[102] Op.cit.

religieuse et à l'acceptation mutuelle. La CEDEAO dispose également d'un bras armé pour rétablir la paix et la sécurité.

SECTION 2 : L'établissement de la paix et de la sécurité et le plan Sahel

Le processus de démocratisation engagé par bon nombre d'Etats africains après l'effondrement du mur de Berlin en 1989 a occasionné une nouvelle donne politique en Afrique. Elle est caractérisée par une vague de manifestations populaires. L'objectif : réclamer le pluralisme politique et la disparition des régimes totalitaires. La nouvelle aspiration des peuples a obligé la CEDEAO à revoir son architecture de paix et de sécurité. Ainsi, son traité fondateur a été révisé en juillet 1993 à Cotonou, puis en 1999. Il y a été ajouté un mécanisme de prévention, de gestion, de règlement des conflits, de maintien de la paix et de la sécurité. L'article 21 de l'instrument juridique prévoit la création ou l'opérationnalisation de la force militaire, appelée ECOMOG (Cease-Fire Monitoring Group) (paragraphe 1). Au-delà de la force, l'organisation a prévu une stratégie spéciale pour les Etats sahéliens (paragraphe2).

Paragraphe 1 : La Force en attente de la CEDEAO

De tous les moyens dont dispose l'organisation, la Force en attente apparaît incontestablement comme l'un des instruments les plus contraignants et coercitifs pour rétablir la paix et la sécurité. En effet, dans le cadre de sa mission, l'ECOMOG a été déployé dans quatre pays : au Libéria (ECOMOG 1990-1998; ECOMIL 2003), en Sierra-Léone (ECOMOG II 1997-2000), en Guinée-Bissau (1998-1999) ainsi qu'en Côte d'Ivoire (ECOMICI 2003-2004). Au regard du passé, il est utilisé en dernier recours. Face aux méfaits de l'islamisme radical, la création ou l'opérationnalisation de la force est apparue nécessaire, d'autant plus que l'Union Africaine a demandé aux cinq régions du continent d'œuvrer à la constitution d'une force africaine en attente, capable d'intervenir en cas de péril.

A- La composition de la force

Forte de son expérience, la CEDEAO a décidé d'anticiper la demande de l'institution panafricaine. Elle a composé, dès 2008, un Groupement interarmées de 2700 hommes, permettant d'adapter l'engagement au besoin. Le Groupement interarmées (GIA) est composé de trois bataillons et l'état-major est basé à Abuja, au Nigéria. Il s'agit du bataillon Ouest, placé sous le commandement sénégalais, du bataillon Est sous le commandement du Nigéria et du bataillon logistique sous le commandement malien.

Les Etats membres ont convenu de mettre à la disposition de l'ECOMOG des unités issues de toutes les composantes militaires et policières (l'armée de terre, de l'air, la marine, la gendarmerie, la police et de toutes autres formations militaires, paramilitaires et civiles) pour l'accomplissement des missions assignées. La taille des unités fournies par chaque Etat est déterminée en concertation avec les responsables en charge de la sécurité de l'organisation. Elle est déployée sur décision du conseil de médiation et de sécurité. La force comprend deux grandes composantes, à savoir une composante militaire et une composante civile.

B- La formation et la mission de la FAC

La mission et l'effectif sont fixés en fonction de la situation ou de son évolution sur le terrain. La Commission, par l'intermédiaire des départements concernés et en concertation avec les Etats membres, contribue à la formation des personnels civils militaires. La formation s'articule autour de plusieurs modules. Il s'agit, entre autres, de l'exercice de Poste de Commandement (PC) qui a été expérimenté à Dakar en juin 2006 et à Accra en 2007. Il y a aussi l'exercice du bataillon Ouest « DEGGO 27 » au Sénégal (Thiès) en décembre 2007 avec 1500 hommes de six pays de la CEDEAO.

La formation intellectuelle et stratégique est assurée par trois écoles de renommées sous-régionale et continentale. La signature du protocole de partenariat avec ces établissements montre la volonté inébranlable de l'organisation à donner de meilleurs outils intellectuels et stratégiques à la force.

Le National Defense College d'Abuja est reconnu pour sa compétence en matière stratégique. Ses enseignements sont axés sur le système de défense et de l'élaboration des stratégies de combat, de même que sur le traitement des informations. L'Ecole apparaît comme un outil dynamique pour les Forces armées dans la lutte contre le terrorisme. Car, la lutte militaire contre le phénomène nécessite une refonte du système de défense des Etats membres en y incluant les techniques de combat utilisées par les islamistes.

Le Centre international Koffi Annan à Accra a été créé en 2003. Il constitue l'un des pôles de formation militaire, au niveau opérationnel à travers le monde. L'établissement ouvre ses portes à de nombreux soldats, venus des différentes contrées, particulièrement en Afrique de l'Ouest. Il initie et réalise des programmes de recherche et de formation en appui aux opérations de maintien de la paix dans le monde. Depuis sa création, les chercheurs et animateurs ont organisé plus de 230 stages et ont accueilli plus de 11.000 personnes[103]. Il complète l'Ecole du maintien de la paix « Me Alioune Blondin BEYE » de Bamako.

L'Ecole du maintien de la paix « Me Alioune Blondin BEYE » a été créée à Bamako. Les modules d'enseignement sont nombreux. Il s'agit notamment des cours d'officiers d'état-major, des observations militaires, des méthodes d'exercice de synthèse sur le terrain et des techniques de conduite des opérations sur carte au sein d'un Centre des Opérations (CO). L'établissement a formé, jusqu'à ce jour, plus de sept cents stagiaires africains de quarante pays du continent. Le

---

[103] Centre international Koffi Annan pour le maintien de la paix http://www.ambafrance-gh.org/Centre-International-Kofi-Annan

programme de formation couvre les trois composantes : militaire, policière et civile[104].

Bien que de création récente, l'Ecole bénéficie d'une notoriété continentale. Ainsi, elle forme des officiers aussi bien de la Communauté Economique des Etats de l'Afrique de l'Ouest (CEDEAO, 44 %) que de la Communauté Economique des Etats de l'Afrique Centrale (CEEAC, 32 %), de l'Intergovernmental Authority on Development à l'Est (IGAD 15 %), de l'Union du Maghreb Arabe (UMA, 4 %) et de la Southern African Development Community (SADC, 5 %)[105]. Cependant, la notion de terrorisme et sa méthode de lutte ne sont pas encore suffisamment abordées[106].

Des centres nationaux et régionaux participent également à la formation des soldats. Au niveau sous-régional, deux grands centres ont été retenus. Il s'agit du Centre régional de Côte d'Ivoire et du Ghana. Le dispositif militaire ayant montré ses limites, notamment dans les événements du Mali, la CEDEAO a élaboré une stratégie antiterroriste spéciale pour les Etats sahéliens.

Paragraphe 2 : La stratégie antiterroriste sahélienne de la CEDEAO

Elle comprend le volet politique et militaire (A) et l'aspect économique et social (B).

---

[104] Entretien de l'auteur avec le lieutenant colonel Faraba SANGARE, directeur de l'instruction militaire de l'Ecole du maintien de la paix « Me Alioune Blondin BEYE » de Bamako, le 19 décembre 2014 à son bureau de l'Ecole à 10h.

[105] Ecole de maintien de la paix de Bamako (EMP) : un cas particulier, France diplomatie.
http://www.diplomatie.gouv.fr/fr/politique-etrangere-de-la-france/defense-et-securite/cooperation-de-securite-et-de/les-ecoles-nationales-a-vocation/article/l-ecole-de-maintien-de-la-paix-de Bamako

[106] Entretien de l'auteur avec le lieutenant-colonel Faraba SANGARE. Op.cit.

A- Le soutien politique et militaire aux Etats sahéliens

La bande sahélo-sahélienne représente un défi sécuritaire majeur pour l'organisation sous-régionale. En effet, elle est devenue, ces dernières décennies, le foyer de nombreux criminels. Vaste, aride et quasi-inhabitée, cette partie du territoire ouest-africain est actuellement la tanière des terroristes. Ils y développent quotidiennement, avec la complicité de certaines populations locales, des actes illicites et répréhensibles (trafics d'organes humains, de drogue, fabrication de fausses monnaies). L'implantation des criminels est consécutive à l'impossibilité totale ou partielle des Etats sahéliens à étendre leur souveraineté sur l'ensemble du territoire. La rébellion touarègue et l'insurrection terroriste ont mis à nu la fragilité de l'architecture politique et militaire d'un pays comme le Mali[107].

Pour juguler de façon permanente la crise, la CEDEAO préconise la voie pacifique. Elle demande à l'Etat malien d'ouvrir sans délai des discussions avec toutes les parties prenantes au conflit, notamment les rebelles touaregs. C'est dans ce contexte que se déroulent les négociations à Alger. Pour donner un nouveau souffle à la négociation, le Président Ibrahim Boubacar Kéita a remanié son équipe gouvernementale, en remerciant le Premier ministre Moussa Amara, jugé « inefficace », au profit du responsable de la négociation, Modibo Kéita.

La CEDEAO prévoit également dans sa politique de développement du Sahel, l'équipement des forces de défense et de sécurité des Etats sahéliens. Elle soutient financièrement la formation des soldats, particulièrement des agents des services secrets sur le mécanisme d'interception des messages électroniques de nature terroriste. Elle encourage par ailleurs les pays sahéliens à organiser des patrouilles conjointes à leurs frontières communes, en vue de contrôler au plus près les mouvements islamistes. Les recommandations de la CEDEAO

---

[107] Entretien de l'auteur avec Serge DANIEL, auteur de nombreux ouvrages sur la sécurité au Sahel, notamment *AQMI : l'industrie de l'enlèvement*.

ont permis aux Etats du Mali, du Niger, de la Mauritanie, du Burkina Faso et avec un Etat de l'Afrique Centrale, le Tchad d'asseoir une solide coopération basée sur le partage d'informations et le droit de poursuite. Ces Etats ont créé une organisation appelée G5-Sahel[108], dont l'objectif est d'œuvrer davantage au partage d'informations et à la surveillance de leurs frontières communes.

B- Le volet économique et social de la stratégie

Mobiles et complexes, les groupes terroristes ignorent les frontières. Ils utilisent des individus souvent marginalisés, déracinés et coupés du milieu culturel d'attache qui s'inventent une identité islamiste nouvelle. Le Sahel constitue un réservoir important de combattants extrémistes[109].

Cette situation a amené la CEDEAO à définir une sorte de « Plan Marshall ». L'objectif est de répondre aux énormes attentes économiques, sociales et culturelles de la population. « Le plan stratégique d'aide » prévoit une aide financière substantielle. Elle concerne prioritairement le financement des projets des jeunes et l'encadrement éducatif des enfants et des femmes. L'institution sous-régionale veut lutter efficacement contre l'oisiveté des jeunes Sahéliens et par-delà, réduire l'influence des filières djihadistes. « *Nous prévoyons un plan d'insertion des jeunes, particulièrement ceux du Sahel. Nous devrons le faire sans détour, car un jeune sans emploi constitue un danger sérieux pour son Etat. Les jeunes n'étant pas*

---

[108] C'est une organisation sous-régionale créée le 16 février 2014 à Nouakchott en Mauritanie par cinq Etats sahéliens (Mali, Tchad, Niger, Mauritanie et Burkina Faso).

[109] Entretien de l'auteur avec Moustapha Al-Djalid, une recrue du MUJAO à Kidal, le 6 décembre 2014 à 13h. Dans cet entretien, il demande le retour des islamistes, car selon lui, la situation sociale des jeunes de Kidal s'était améliorée sous l'occupation djihadiste.

occupés, deviennent systématiquement la proie facile des islamistes[110] ».

La CEDEAO encourage également le projet de construction d'infrastructures éducatives, routières, sanitaires et sportives par les Etats. La carence en infrastructures est irréfutable. Nous nous en sommes rendu compte lors de notre voyage dans la zone, en décembre 2014. Il est possible de parcourir plus de cent kilomètres, sans voir une infrastructure éducative, routière et sanitaire. Hormis, les réponses sous-régionales, les Etats membres multiplient les initiatives nationales.

[110] Désiré Kadré Ouédraogo, président de la Commission de la Communauté des Etats de l'Afrique de l'Ouest, le 11 janvier 2015 sur RFI dans le cadre de l'émission internationale co-organisée par RFI et TV5 Monde.

CHAPITRE 2 : LES INITIATIVES NATIONALES

Quoi qu'il en soit, le terrorisme est intimement lié à la question de l'idéologie, de la foi, de la culture et de la conviction qui véhiculent des concepts et des courants de pensée inextricables. Ces derniers sont fondés sur la promesse d'une meilleure vie après la mort biologique et celle sur la terre est frappée de dérision et de vanité. Cette conception crée ou renforce le culte de la mort chez le terroriste, parce que la mort sur le terrain du djihad est pour lui un passage d'une vie parsemée d'actes de mécréance à une vie éternelle, réservée aux saints selon la tradition musulmane.

Le terrorisme devient alors un phénomène complexe et énigmatique. Sa complexité s'explique en partie par le fait qu'il met en opposition deux conceptions fondamentalement différentes : l'une œuvre à la protection de la vie humaine, de la liberté individuelle et collective et l'autre considère la vie ici-bas comme une illusion.

Ainsi, les actions kamikazes, les attentats, la guérilla deviennent les modes d'action des tenants de cette doctrine. Ces modes opératoires défient les principes qui fondent la défense et la sécurité. De ce point de vue, l'on ne saurait s'abriter sous le seul éventail des dispositifs stratégiques de l'organisation sous-régionale pour lutter efficacement contre le fléau, d'autant plus que certaines de ces mesures ne sont pas forcément élaborées en fonction des réalités sociologiques, sécuritaires et religieuses des Etats. Consciente de cette situation, la CEDEAO soutient, encourage et recommande aux Etats membres de créer un cadre national de lutte contre le terrorisme. Cette exigence a mené certains Etats à renforcer leur dispositif législatif et stratégique. Pour mieux cerner les initiatives nationales, il importe d'établir une distinction entre les Etats atteints par le terrorisme (SECTION 1) et ceux en alerte (SECTION 2).

SECTION 1 : Les pays atteints par le terrorisme

A ce jour, deux Etats d'Afrique de l'Ouest sont confrontés au plus haut niveau à l'insurrection djihadiste. Il s'agit du Mali et du Nigéria. Ces Etats se sont mis en action en multipliant les initiatives pour non seulement endiguer le phénomène, mais aussi pour mieux lutter contre les islamistes radicaux à l'intérieur de leurs territoires.

Paragraphe 1 : La stratégie antiterroriste de l'Etat malien

A- Des réformes institutionnelles

Assiégé dans sa partie septentrionale, le Mali est fortement engagé dans la lutte contre le terrorisme et les crimes transfrontaliers. Pour matérialiser cet engagement, le Parlement a procédé à la révision de plusieurs textes, visant à doter le pays d'instruments juridiques et institutionnels. L'objectif est de doter le pays de dispositifs juridiques et institutionnels pour faire face aux groupes terroristes et au grand banditisme transfrontalier. Le vote à l'unanimité de nombreux projets de loi a été motivé par la grave crise sécuritaire provoquée par l'implantation de groupes criminels sur le territoire, dont l'activité principale est la commercialisation des stupéfiants, les trafics d'organes humains, les prises d'otages et autres actes de violation grave des droits humains. Face à la dégradation constante et réelle de l'environnement sécuritaire dans la sous-région, il s'est agi pour les élus de trouver une réponse institutionnelle devant laquelle les règles classiques de droit pénal se sont avérées insuffisantes.

Au plan interne, plusieurs lois ont été votées, notamment la loi n°025 du 23 juillet 2008 portant répression du terrorisme et la loi n°062 du 30 décembre 2010 portant loi uniforme relative à la lutte contre le financement du terrorisme[111]. Au plan

[111] Le code pénal et le code de procédure pénale révisé du Mali.

international, le Mali a signé et a ratifié la plupart des instruments juridiques universels contre le terrorisme et la criminalité transnationale organisée. Cette mise à jour a favorisé, au plan interne, la création de nombreuses institutions, dont le Pôle judiciaire spécialisé. En effet, le 9 mai 2013, les députés ont adopté à l'unanimité le projet de loi portant modification du code de procédure pénale. De nouvelles dispositions y ont été apportées. Il s'agit des articles 24, 71, 76, 609, 610, 611 et 612. L'alinéa 1 de l'article 24 prend en compte le caractère international de la menace, car il fonde les autorités judiciaires maliennes à connaitre des actes terroristes ou criminels dont les auteurs ont été arrêtés au Mali. Par ces dispositions, les autorités veulent faire en sorte que le Mali ne soit pas le refuge des criminels.

1- Le fonctionnement et les attributions du Pôle judicaire spécialisé

Le Pôle judiciaire spécialisé de lutte contre le terrorisme et la criminalité transnationale organisée, distinct du Pôle économique et financier est situé au Tribunal de première instance de la commune VI du district de Bamako. Il est composé d'une brigade d'investigation spécialisée, dite brigade de lutte contre le terrorisme et la criminalité transnationale organisée, d'un parquet spécialisé et de cabinets d'instruction spécialisés. La brigade d'investigation comprend des officiers et agents de la police judiciaire, de la gendarmerie et de la police. Ils sont mis à la disposition du ministère de la Justice par le ministre de la Défense et celui de l'Intérieur et de la Sécurité. A ceux là, s'ajoutent des assistants et des experts à la demande de l'autorité compétente. Des assistants, des experts et des officiers de police judiciaire sont placés sous l'autorité du procureur de la République. Le parquet spécialisé, quant à lui, est tenu par le procureur qui est le destinataire des procès-verbaux de l'Office central des stupéfiants en matière de trafic international de drogues, de stupéfiants et de substances psychotropes.

Enfin, les cabinets d'instruction spécialisés sont placés sous l'autorité d'un juge d'instruction. Le pôle judiciaire spécialisé travaille en toute indépendance. Il est indépendant vis-à-vis du pouvoir exécutif. « *Il (le pôle judiciaire spécialisé) est entièrement placé sous le contrôle du Procureur qui ne reçoit aucune instruction ou ordre de qui que ce soit. Aucune interférence du pouvoir dans les instructions. Nous pensons qu'avec cet arsenal juridico-institutionnel le Mali est suffisamment outillé pour lutter efficacement contre le phénomène*[112] ».

Même si les députés n'affirment pas expressément l'autonomie entière de l'institution, ils lui accordent tout de même un large pouvoir. En effet, l'article 71 nouveau introduit deux dérogations spéciales dans le droit commun des poursuites. Selon cet article, les perquisitions et les visites domiciliaires peuvent être opérées à toutes les heures, de jour comme de nuit et hors de la présence des personnes mises en cause. Cela se fait dans le cas où il existe des indices faisant présumer la commission ou la tentative de commission d'actes terroristes ou de crime transnational organisé.

Pour les besoins de l'enquête, les officiers de police judicaire, sur autorisation écrite du procureur de la République ou du juge d'instruction, agissant sur commission rogatoire, peuvent intercepter les communications téléphoniques, les messages électroniques et autres courriers des suspects et de toute personne en rapport avec eux. Ce qui met probablement en veilleuse l'article 6 de la Constitution qui dispose que : « le domicile, la vie privée et familiale, le secret de correspondance et des communications sont inviolables ».

De même, l'article 76 nouveau apporte une dérogation majeure au délai de garde à vue qui ne peut, en règle générale, excéder 72 heures. La nouvelle loi énonce que les auteurs présumés d'infraction terroriste ou de crime transnational organisé et leurs complices peuvent être placés en garde à vue pour une période de 48 heures. Le délai peut être prolongé trois

---

[112] Entretien de l'auteur avec Boubacar Sidiki SAMAKE, procureur du pôle judicaire spécialisé, les 5 et 9 décembre 2014 à son bureau du tribunal de la commune VI de Bamako à 15 heures.

fois pour la même durée. L'autorisation écrite du procureur ou du juge d'instruction sera nécessaire toutes les 48 heures à compter de la décision de placement en garde à vue.

L'article 609-1 nouveau prévoit pour sa part : « les infractions prévues par la loi n°08-025 du 23 juillet 2008 portant répression du terrorisme au Mali, la loi n°10-062 du 30 décembre 2001 portant loi uniforme relative à la lutte contre le financement du terrorisme ; la loi n° 06-066 du 29 décembre 2006 portant loi relative à la lutte contre le blanchiment de capitaux, la loi n°01-078 du 18 juillet 2001 portant le contrôle des drogues et des précurseurs, la loi n°04-050 du 12 novembre 2004 régissant les armes et les munitions, la loi n°12-023 du 12 juillet 2012 relative à lutte contre la traite des personnes et les pratiques assimilées, sont poursuivies, instruites et jugées selon les dispositions du code de procédure pénale sous réserve des dispositions des articles 24 nouveau, 71 nouveau, 76 nouveau, 610-1 nouveau et 612-1 nouveau du code de procédure pénale, si elles sont de nature transnationale ». Au sens de la loi antiterroriste malienne, une infraction est transnationale lorsqu'elle est commise dans un autre Etat et qu'une partie substantielle de sa préparation, de sa planification, de sa conduite ou de son contrôle a eu lieu dans un autre Etat.

Un groupe criminel organisé, désigne au sens de la présente loi, toute association formée, quelle que soit la durée et le nombre de ses membres ou toute entente dans le but de commettre un crime ou un délit. La loi détermine aussi les structures chargées de la poursuite de l'instruction et du jugement des affaires en matière d'actes de terrorisme et de criminalité transnationale organisée. L'article 611-1 nouveau donne en ces termes une compétence territoriale aux structures judiciaires chargées de traiter la matière. Selon cet article, la poursuite et l'instruction des infractions commises en matière de terrorisme et de criminalité transnationale organisée ainsi que des infractions connexes sont exclusivement du ressort du parquet et des cabinets spécialisés du pôle judiciaire. Cette compétence couvre toute l'étendue du territoire national. La chambre d'accusation de la cour d'Appel de Bamako constitue la juridiction du second degré du pôle judiciaire spécialisé. La cour d'Appel de Bamako est de même compétente en cas de crimes ou de tout autre crime ou délit connexe, mais avec une composition spéciale. L'article 612-1 détermine les modalités de dessaisissement des officiers de police judiciaire et des autorités judicaires au profit du pôle judiciaire spécialisé en matière de terrorisme et de criminalité organisée. Par ces réformes, le Parlement malien vient de franchir un grand pas dans la lutte contre le terrorisme.

B- Les actions politiques, militaires et médiatiques

La traque des djihadistes au Mali n'est pas que juridictionnelle. Elle est aussi militaire et politique. Les nouvelles autorités ont mis en place une Force spéciale au sein de la grande muette. Elle est actuellement en formation dans les banlieues de Bamako. Bien que les modalités de recrutement soient basées sur du volontariat, elle n'aura en son sein que des soldats dévoués pour la cause de la mère patrie. Elle repose sur la maxime « Fasodèmè » ou « Faso djigui » qui signifie respectivement « aidons la patrie » ou « l'espoir du pays », en langue bambara. Des visites médicales sont faites dans des conditions presque totalement impartiales et strictes.

Cela découle du fait que la hiérarchie militaire semble avoir tiré les leçons du favoritisme et de tout autre acte consistant à contourner les textes régissant les modalités de recrutement dans l'armée nationale. Car, l'une des raisons de la déconvenue de l'armée face aux djihadistes est aussi le mauvais état physique des soldats. Ils sont nombreux les jeunes qui ont rejoint l'armée dans le seul but de conjurer le sort du chômage.

Au titre de la formation, les éléments de la Force spéciale ont à faire des exercices très poussés tels que le système de camouflage dans le désert et dans les grottes pendant des heures. Les modules tels que les techniques de combat des terroristes, généralement appelées asymétriques, les méthodes de protection des civils et de libération des otages utilisés comme des boucliers humains par des djihadistes et les techniques de combat corps à corps ou combat rapproché sont enseignés aux éléments de la Force spéciale. Le niveau élevé de la formation répond au fait que « *le terrorisme est un phénomène complexe et nouveau pour l'ensemble des pays de la région*[113]».

La force spéciale supposée être la vitrine de l'armée du pays est dotée de moyens militaires conséquents qui lui permettent d'assurer loyalement des missions de défense et de sécurisation du territoire[114].

La levée partielle de l'embargo imposé de facto au Mali, lors de la transition militaire, dirigée par le capitaine Amadou Aya Sanogo est un atout à l'équipement de cette unité d'élite. Selon une source proche du cabinet militaire du président de la République, le Mali aurait signé un contrat d'armement avec la Chine et la Russie portant sur l'achat de blindés et d'hélicoptères de transport de troupes et de combat.

De façon générale, la restructuration des forces armées nationales bat son plein. Les soldats sont invités à laisser derrière eux leurs querelles découlant des affres du coup d'Etat de mars 2012, pour épouser une vision holistique de l'avenir de leur pays. Un programme de dépolitisation de la grande muette est en cours. D'ores et déjà, les nouveaux modules d'enseignement dispensés aux officiers vont au-delà de la notion de défense de l'intégrité territoriale. La volonté des décideurs maliens est de former une armée républicaine profondément attachée aux valeurs de la République, c'est-à-dire la défense du territoire et des institutions ainsi que la protection de la population[115].

En outre, plusieurs unités sont créées au sein des forces militaires, de la gendarmerie et de la police. Des éléments de la police formés à la technique d'interception des appels, des messages téléphoniques et électroniques sont directement rattachés au ministère de la Sécurité et de la Justice. Ils ont la

---

[113] Entretien de l'auteur avec Mohamed TOURE Al Moustapha, commandant de division de l'armée malienne rencontré au ministère de la Défense le 13 décembre 2014. Il a dit avoir suivi des formations antiterroristes aux Etats-Unis.

[114] Idem.

[115] Ibidem.

tâche prioritaire de fournir au quotidien des informations sur l'administration générale du territoire, au plan sécuritaire et en particulier au Nord, encore en proie à des attaques sporadiques. De ce fait, ils doivent avoir la maîtrise du territoire, singulièrement la zone désertique[116].

Toujours dans la dynamique de la sécurisation du territoire, un centre d'écoutes et de traitement des informations est en création. Il a pour objectif de coordonner toutes les informations au plan national et d'être permanemment en contact avec les services secrets de certains pays, prioritairement ceux des zones menacées par des mouvements terroristes (Niger, Mauritanie, Nigéria, Algérie, Tunisie). Le centre, directement rattaché au ministère de la Sécurité sera composé de civils, d'éléments de la garde nationale, de la gendarmerie et de la police.

Dans ce vaste chantier, le budget de la défense constitue un défi pour le gouvernement. De bonnes sources indiquent une hausse vertigineuse, depuis l'arrivée d'Ibrahim Boubakar Kéita à la tête de l'Etat malien, contrairement à l'ère de son prédécesseur, Amadou Toumani Touré (ATT) pour qui la priorité était accordée à l'éducation. Le budget annuel de la défense était d'environ 109 milliards de FCFA. La négligence des autorités d'alors a considérablement amenuisé la capacité opérationnelle des forces armées. La force terrestre malienne ne disposait avant la crise que d'une trentaine de blindés et de quelques pick-up pour plus d'un million de km². Quant à la flotte aérienne, elle était quasi-inexistante. L'armée ne disposait que de deux Mig-24, dont l'un était en panne depuis plusieurs années et de quelques hélicoptères qui étaient à peine opérationnels. L'état piteux de l'armée s'explique en grande partie par le désintéressement des autorités qui se sont succédé au Palais de Koulouba, après la longue période de Moussa Traoré. La fin de la guerre contre le Burkina Faso avait fait disparaitre les velléités d'une guerre interétatique. L'Etat

---

[116] Ibidem

malien devait désormais faire face au grand banditisme sévissant à l'intérieur du pays et à ses frontières[117].

Le processus de redynamisation et de renforcement est également étendu à toutes les forces de sécurité. Les services des renseignements généraux ont reçu de nouveaux matériels. Il s'agit de matériels informatiques et d'armes composées essentiellement de pistolets automatiques et de matériels roulants.

En plus de l'équipement, les agents des services secrets suivent des formations sur le décodage des messages électroniques des djihadistes. Par exemple, les sigles PDLAC signifie « Processus de libération a commencé » dans le jargon djihadiste et le RAOR signifie « Rapt des Occidentaux suivi de paiement de rançon[118] ».

Les médias publics et privés du pays ne sont pas restés en marge de la lutte. Tout en préservant la liberté de la presse, les nouvelles autorités du pays ont instruit les médias, particulièrement ceux assignés aux services publics, à prôner la réconciliation[119] entre les Maliens. C'est dans ce contexte précis que l'émission dénommée « Réconciliation en marche » a vu le jour en janvier 2015. Elle a pour but de dénoncer les activités djihadistes tout en préconisant la préservation de l'intégrité territoriale du pays et l'unité de la nation. L'émission est animée par des personnes représentatives du monde politique, religieux, social et syndical. Qu'en est-il pour le Nigéria ?

---

[117] Entretien de l'auteur avec le colonel Cheick Tidjane DIARRA, op. cit.

[118] Entretien de l'auteur avec un officier des services secrets qui a requis l'anonymat. Il précise que ces sigles ont été découverts dans un des e-mails envoyés par le chef militaire du MUJAO, le Mauritanien Oumar Talha, interceptés par les services de renseignement. Selon l'agent, le djihadiste avait été localisé, mais les services de sécurité maliens n'ont pas réussi à l'arrêter.

[119] Entretien de l'auteur avec des journalistes de l'Office de Radiodiffusion-Télévision du Mali (ORTM), dont TRAORE Moussa, le 12 décembre 2014 dans les locaux de l'institution.

Paragraphe 2 : La réponse du Nigéria face à l'expansion de Boko Haram

A- L'approche stratégique et politico-militaire

La stratégie militaire semble être au cœur du dispositif de la reconquête du nord tenu par les islamistes. Sa mise en œuvre comprend deux principales dimensions, à savoir la dimension verticale et horizontale. La dimension verticale vise à mettre en mouvement les entités décentralisées et l'Etat central (l'Etat fédéral, les Etats fédérés et les responsables administratifs locaux). Quant à la dimension horizontale, elle implique la société civile, les intellectuels, les chefs traditionnels, les religieux et les communautés. Elle a pour but principal de mettre la population civile, les leaders d'opinion et les représentants communautaires au cœur de la lutte. A ce niveau, le gouvernement fédéral communique, sensibilise et informe la population sur le fait que l'agenda de Boko Haram est totalement aux antipodes des valeurs cardinales de l'islam[120]. Ce qui est fondamental dans un pays traversé par de nombreux courants islamiques, notamment la confrérie soufie, la tijaniyya et le wahhabisme saoudien.

Il s'est agi pour les autorités nigérianes d'encourager les musulmans à dénoncer le terrorisme et à établir des relations fraternelles entre eux et avec les autres confessions religieuses du pays (chrétiens, animistes etc.) afin de déjouer à terme l'objectif de Boko Haram, qui est de déclencher une guerre confessionnelle[121]. Le gouvernement, épaulé par des responsables locaux explique l'apolitisme de la lutte anti-terroriste. Le plan ne vise pas à réprimer une communauté quelconque, comme certaines personnalités de la classe politique et membres de la société civile s'évertuent à le faire croire à la population. Des résultants probants ont été

[120]OSTIEN Philip, *A survey of the Muslims of Nigeria's North Central Geo-political zone*, Oxford, Nigeria Research Network, working Paper n°1, 2012.
[121] PEEL JOHN David YEADON, *Un siècle d'interactions entre islam et christianisme dans l'espace Yorouba*, Politique africaine, n°123, octobre 2011, 176 p.

enregistrés. Selon des responsables de l'appareil sécuritaire, des découvertes de caches d'armes et des interpellations ont eu lieu, grâce au concours des populations locales.

Cependant, les atrocités commises à grande échelle dans la partie septentrionale et la guérilla très organisée font comprendre aux autorités la nécessité d'inclure la dimension militaire. Le budget de la défense a été augmenté. Il se chiffre à plus de quatre milliards d'euros. C'est incontestablement l'un des budgets militaires les plus importants de l'Afrique subsaharienne.

Au niveau de l'armement, différentes unités de l'armée nigériane ont été équipées en matériels de haute technologie. La flotte aérienne a été fournie en hélicoptères de combat et de transport de troupes. Ce, en vertu des accords de réarmement signés par l'ex-président Goodluck Jonathan avec la Chine et la Russie[122]. L'infanterie a été équipée en armements lourds (blindés, missiles sol-air) et en moyens de communication [123](radars, talkies-walkies, matériels d'écoute).

Depuis la recrudescence et la multiplication des actes violents de Boko Haram, les Etats-Unis assurent la formation des unités spéciales nigérianes. Elle est axée sur la méthode contre-terroriste, c'est-à-dire la guérilla, l'attaque armée par surprise. Elle a été écourtée après six mois d'exercices, suite à un désaccord entre l'Administration Obama et le gouvernement de Goodluck Jonathan. Le Nigéria a jugé l'aide américaine insuffisante en matière d'armement[124]. La Maison-Blanche rétorque en brandissant l'amendement Leahy qui proscrit l'assistance militaire aux armées étrangères corrompues et non respectueuses des droits de l'Homme.

---

[122] Entretien de l'auteur avec un conseiller politique de l'ambassade du Nigéria en Côte d'Ivoire, le 7 janvier 2015 à sa résidence, à Abidjan.
[123] Idem
[124] *Le Nigéria suspend sa coopération militaire avec les Etats-Unis*, L'Express.fr, 13 décembre 2014.

La police, souffrant autrefois du manque de matériels a été équipée de moyens sophistiqués. Il s'agit de matériels roulants et de retransmission rapide des informations. Des agents du renseignement suivent des formations en Russie, en Allemagne et en Autriche.

D'une manière générale, l'opérationnalisation des forces armées a suscité la réactivation et la création des régions militaires. En juin 2011, des unités spéciales dénommées Joint Military Task Force (JTF) ont été mises sur pied dans la ville de Maiduguri. Elles sont composées de plus de vingt mille hommes, issus des différentes composantes de l'armée (marine, armée de l'air et de terre, département de la sécurité d'Etat, police). La mission assignée à la JTF est essentiellement le contrôle des principaux axes routiers des Etats de Borno, du Niger, du Plateau et de Yobe. Avant la JTF, il avait été créé en 2007, un Point focal national sur le terrorisme qui est une sorte de Task Force inter-agences, comprenant en son sein un State security service, c'est-à-dire des services de renseignement, des douanes, du ministère des Affaires étrangères et de l'Immigration.

B- La stratégie politique, économique et sociale du gouvernement

L'un des arguments brandis par le groupe Boko Haram, alors mouvement de contestation sociale était la disparité régionale. Il s'insurgeait contre « des politiques régionalistes et la mauvaise distribution des ressources publiques ». Pour les décideurs nigérians, la lutte demeure avant tout une réflexion profonde sur les causes du phénomène. Au titre du volet économique et social, le gouvernement a exhorté des leaders du nord-est, quartier général de Boko Haram, à élaborer des plans de développement de la région. L'injonction gouvernementale vise à renforcer la présence de l'Etat, en associant toutes les couches socioprofessionnelles et les parties prenantes au conflit[125]. Le plan de relance économique et sociale est une sorte de réponse à

[125] Interview du président Goodluck Jonathan le 10 octobre sur France 24.

l'oisiveté et à la paupérisation, sources majeures de tensions politiques, sociales et religieuses au Nigéria.

C- La coopération bilatérale

La coopération bilatérale et internationale est également le fer de lance du dispositif stratégique global de lutte contre le terrorisme. L'Etat fédéral a créé des services spéciaux. Ils ont la charge de veiller à l'application des recommandations des sommets internationaux tenus sur le Nigéria. Le sommet de Paris du 23 mai 2014 a demandé aux Etats du Bassin du Lac Tchad de renforcer leur coopération bilatérale à travers la multiplication des patrouilles coordonnées[126], notamment entre le Nigéria et le Cameroun. En application, le Cameroun a créé une région militaire à Kolofata, la ville frontalière avec le Nigéria.

Qu'en est-il des Etats en alerte ?

SECTION 2 : La stratégie des Etats en alerte

Les Etats en alerte sont nombreux. Nous présentons les stratégies déployées par deux d'entre eux : la Côte d'Ivoire et le Niger.

Paragraphe 1 : La stratégie antiterroriste de la Côte d'Ivoire

Le terrorisme n'épargne personne. Cette maxime ou disposition psychologique a favorisé l'essor des initiatives nationales, à côté de celles mise en œuvre par les organisations continentales. La Côte d'Ivoire s'est dotée récemment

---

[126]*La situation sécuritaire dans les pays de la zone sahélienne*, Rapport d'information de la commission des Affaires étrangères française, enregistré à la présidence de l'Assemblée nationale le 6 mars 2012, session ordinaire de 2013-2014.

d'instruments législatifs et juridiques et a renforcé son dispositif stratégique national et sécuritaire. La réaction des autorités ivoiriennes a été certainement motivée par les attaques répétées à sa frontière septentrionale avec le Mali, signées du groupe Ansar-Dine, surtout depuis la menace ouverte du prédicateur radical Ismaël Khalil de « *multiplier les attaques en Côte d'Ivoire, au Mali et en Mauritanie, des pays qui travaillent avec les ennemis de l'islam*[127]».

A- Les dispositions législatives, juridiques et politiques

Le 3 juillet 2015, les députés ont adopté à l'unanimité le projet de loi portant répression du terrorisme. Il s'est agi pour les parlementaires ivoiriens d'apporter une réponse juridique et sécuritaire pour lutter efficacement contre la menace, devant laquelle les règles de droit pénal étaient inexistantes.

Au sens de la loi antiterroriste ivoirienne, le terroriste est celui qui, intentionnellement, provoque une situation de terreur ou vise à intimider la population, soit pour promouvoir une cause politique, religieuse ou idéologique, soit pour contraindre le gouvernement, un organisme ou une institution à engager une initiative ou à s'en abstenir, à adopter ou à renoncer à une position particulière, à agir selon certains principes. C'est aussi, celui qui commet ou menace de commettre un attentat[128]. Analysant la dimension internationale du djihad, les députés fondent les autorités policières et judiciaires à connaître des infractions commises hors du territoire national[129].

1-Le renforcement des pouvoirs de police judiciaire

Contrairement aux infractions classiques, le législateur renforce le pouvoir des enquêteurs sur les faits relevant du terrorisme. En effet, ceux-ci peuvent intercepter des correspondances. La captation, la fixation, la transmission et

---

[127] Kisselminan COULIBALY, *Ansar-Dine menace ouvertement de s'en prendre à la Côte d'Ivoire*, L'Inter, mercredi, 1er juillet, 2015, n° 5116.
[128] Article 3 du projet de loi portant répression du terrorisme.
[129] L'article 12, op.cit.

l'enregistrement de paroles prononcées par une ou plusieurs personnes à titre privé ou confidentiel, dans les lieux ou véhicules privés ou publics, ou de l'image d'une ou plusieurs personnes se trouvant dans un lieu privé et l'accession aux données informatiques et aux enregistrements sans le consentement de la ou des personnes suspectées sont également autorisés.

En outre, une dérogation a été apportée au délai traditionnel de garde à vue. Le texte antiterroriste autorise une garde à vue de quatre-vingt-seize heures renouvelables une fois sous l'autorisation du procureur de la République, contrairement aux infractions ordinaires, dont le délai est de quarante-huit heures renouvelables une fois.

B- Les dispositions stratégiques

Le Président Alassane Ouattara, qui a accédé au pouvoir d'Etat en 2011 dans un contexte national marqué par une crise ouverte et sous-régionalement par la montée en puissance de l'extrémisme et de l'islamisme violent, a mis en place des unités de lutte contre le terrorisme, calquées sur le modèle français. Il s'agit de la Brigade Antiterroriste (BAT), de la Force de Recherche et d'Assaut de la Police (FRAP) et de l'Unité d'Intervention de la Gendarmerie Nationale (UIGN). La menace aux portes de l'Etat ivoirien, ces dernières années, a entrainé l'accroissement du nombre d'agents de ces unités respectives. Selon une source proche du ministère de l'Intérieur, les effectifs de la FRAP sont passés du simple au triple. La Brigade antiterroriste, composée depuis sa création de policiers a été transformée en une force mixte. Des exercices militaires, de sports de combat et des séances de tirs ont repris de plein droit. Le déploiement de ces agents en grand nombre au Nord du pays, considéré comme une zone hautement sensible serait actuellement en cours. A côté de ces unités d'élite de la police, la Côte d'Ivoire dispose également de plusieurs unités spéciales antiterroristes au sein des Forces Républicaines de Côte d'Ivoire (FRCI). Il s'agit notamment du Groupement des forces spéciales crée par le Président Alassane Ouattara. Formée au

Maroc, cette force a été spécialement conçue pour lutter contre le terrorisme.

Le renseignement, fer de lance de la lutte antiterroriste a été fondamentalement réajusté. La direction des renseignements généraux (DRG), composée de toutes les forces (gendarmerie, police et armée) a été équipée en moyens modernes et sophistiqués de surveillance[130]. Certains éléments de cette grande composante du dispositif de renseignement ivoirien ont suivi des formations sur l'antiterrorisme, indépendamment de celles dispensées périodiquement par l'opération des Nations unies en Côte d'Ivoire (ONUCI) à l'ensemble des forces, particulièrement à celles qui sont en première loge de la lutte contre le fléau. La direction de la sécurité du territoire (DST), traditionnellement outillée pour des crimes bien définis, est en train d'inscrire la menace terroriste à son agenda. Elle a reçu récemment des équipements et des formations sur le mode opératoire des terroristes[131].

Les attentats sanglants dans des Etats limitrophes, notamment le Mali et le Burkina Faso, ont amené les autorités ivoiriennes en charge de la sécurité à renforcer leur dispositif sécuritaire sur toute l'étendue du territoire national. Pour cela, elles ont créé de nombreuses institutions préventives au nombre desquelles le Centre national de coordination du mécanisme de réponse à l'alerte précoce. Le Centre s'inscrit dans le cadre de la politique de prévention et de gestion des menaces sécuritaires auxquelles l'espace CEDEAO est confronté. Il a pour mission principale de réduire, grâce à une meilleure collaboration avec la Direction de l'alerte précoce de la CEDEAO, le délai constaté entre les alertes aux crises et les réponses proposées pour les prévenir. De façon concrète, le mécanisme stratégique permet d'optimiser l'accès aux sources d'information, d'améliorer la qualité et l'analyse des informations et d'impliquer les populations locales dans la formulation de

[130]Interview-bilan du président de la République Alassane OUATTARA, le 25 juin 2015 sur la Radiodiffusion télévision ivoirienne (RTI).

[131] Entretien de l'auteur avec un agent de la DST qui a requis l'anonymat.

réponses aux menaces : le terrorisme, la piraterie maritime, la criminalité transfrontalière et les mouvements irrédentistes.

La création de cette institution marque l'engagement de la Côte d'Ivoire à prendre une part active à la mise en œuvre de la stratégie communautaire de prévention et de gestion des conflits et menaces, tout en renforçant son architecture institutionnelle en matière de sécurité et de prévention des menaces contre la paix et la stabilité. En créant ce Centre, l'axe majeur des autorités ivoiriennes est d'accroître la synergie sur la prévention, car la lutte antiterroriste est une lutte préventive et non seulement réactive.

Avant la création de cette institution, le Président de la République Alassane Ouattara a réaménagé les agences de renseignements. Certaines ont été dissoutes, notamment l'Alliance Nationale de Stratégie et d'Intelligence (ANSI) au profit de la Cellule de coordination des renseignements. Elle a pour mission de coordonner et de traiter avec promptitude les informations émises par les différents services secrets du pays. L'objectif est de lutter contre « les guerres de leadership » entre les différents services du pays, afin de permettre un bon maillage du territoire national. La cellule va au-delà de l'aspect technique et bureautique car, dans la collecte des données, elle s'appuie sur ses relais dissimulés au sein de la population, notamment dans les zones hautement sensibles et névralgiques. De même, elle travaille en étroite collaboration avec de nombreux services à travers le monde, en particulier ceux de la France. Ce procédé est appelé le pacte antiterroriste de la Côte d'Ivoire.

Le mode opératoire des groupes terroristes de la sous-région donne une idée panoramique sur leurs cibles prioritaires. Empiriquement, les Occidentaux et leurs biens sont visiblement la cible des terroristes. Partant de cette analyse, les autorités ont renforcé la sécurité et la surveillance autour des sites hautement stratégiques. Il s'agit des chancelleries occidentales, des écoles françaises, des lieux de détente et de divertissement fréquentés par la communauté occidentale : plages pittoresques, bars, restaurants de luxe et grandes surfaces. La Côte d'Ivoire a élevé son niveau d'alerte maximale à l'image du plan Vigipirate en France. Il est matérialisé par la présence des forces de défense et de sécurité sur les grandes artères, notamment dans la commune du Plateau, le centre administratif d'Abidjan.

Depuis un certain temps, une célérité dans le traitement des renseignements par les services secrets, dont la coordination est assurée par le centre des opérations du ministère de l'Intérieur chargé de centraliser les informations et de gérer les interventions de la police et de la gendarmerie (PC- MINOS) [132]est exigée. Ce, pour faciliter la fluidité des informations et leur traitement par des autorités compétentes. Le ministre de l'Intérieur, Hamed Bakayoko et son collègue de la Défense, Paul Koffi Koffi œuvrent à leur niveau respectif pour une meilleure coordination entre les services. L'ambition des deux ministres est de mieux contrôler le territoire national.

La Côte d'Ivoire multiplie et renforce sa coopération en matière de défense et de sécurité avec d'une part, les pays limitrophes tels que le Burkina Faso et le Mali et d'autre part avec la France. Pour l'instant, dans la région, sa coopération avec le Mali est la plus importante.

La Côte d'Ivoire partage des centaines de kilomètres de frontière avec le Mali. Longue et poreuse, elle est devenue, ces dernières années, la convoitise des terroristes, notamment ceux du groupe Ansar Dine qui planifient et multiplient des attaques contre le Mali, à partir du territoire ivoirien. Le message est clair. Il s'agit de l'importation du djihad du nord vers le sud. L'activisme alarmant du groupe a invité les deux Etats à renforcer leur coopération en matière de sécurité. Pour cela, une plateforme de coordination entre les services secrets maliens et ivoiriens est instituée. Elle a pour but le partage de renseignements et d'informations sur le mouvement des terroristes et la gestion de leurs frontières communes,

---

[132] Une structure de centralisation des données et du renseignement envoyés par des différents services de renseignement des différents corps (police, armée, gendarmerie, douane).

conformément aux exigences du protocole de la CEDEAO. Les modalités de la nouvelle coopération ont été au centre des échanges entre le Premier ministre malien Modibo Kéita et le Président Alassane Ouattara, en juillet 2015 au palais présidentiel d'Abidjan. La coordination a déjà porté ses premiers fruits. Fin août, elle a permis l'arrestation au Nord de la Côte d'Ivoire de sept présumés djihadistes, tous de nationalité malienne. La plupart d'entre eux ont servi dans l'une des katibas d'Ansar-Dine, en qualité de policier. Dissimulés après les frappes françaises, ils avaient construit un camp d'entrainement dans les faubourgs de Bamako. Lequel fut démantelé par les services de sécurité malienne en 2014. Selon les premiers éléments de l'enquête, ils préparaient des opérations terroristes de grande envergure contre les deux Etats qui selon eux sont « des collaborateurs incontestés de l'Occident » au détriment de l'aspiration profonde de leurs peuples en matière de religion. Laquelle serait la création d'un État islamique où la loi islamique s'applique dans toute sa rigueur.

Outre le Mali, la Côte d'Ivoire entretient des relations avec la France depuis l'indépendance. Ces relations concernent plusieurs aspects : militaire, politique, économique et social. La récurrence des conflits armés et la recrudescence des nouvelles menaces ont amené l'ancienne puissance coloniale à renforcer sa coopération militaire avec son ancienne colonie. De plus, un nouvel accord de défense, remplaçant celui de la période de l'indépendance a été signé entre la France et la Côte d'Ivoire en 2012. Le Président ivoirien Alassane Ouattara a souhaité que celui-ci prenne en compte la nouvelle donne sécuritaire marquée par la montée en puissance du terrorisme et de la piraterie en haute mer. De ce fait, Paris s'emploie à former les Forces de défense et de sécurité ivoiriennes (police, gendarmerie, armée et conseillers militaires). L'accord prévoit du conseil aux forces, mettant en œuvre des actions de formation, du soutien technique et la mise à disposition de coopérants militaires techniques dans le cadre de la restructuration de l'outil de défense et de sécurité ; des échanges d'informations relatifs aux vulnérabilités, risques et menaces à la sécurité nationale ; l'organisation, l'équipement et l'entrainement des forces[133]. Il faut dire que la menace terroriste aux frontières ivoiriennes ces dernières années a permis de renforcer davantage la coopération.

Après la déclaration menaçante de l'un des leaders d'Ansar-Dine, le 30 juin 2015, la Côte d'Ivoire a dépêché une force à ses frontières avec le Mali, baptisée « Opération bordure de protection[134] ». Elle est composée des éléments des Forces républicaines de Côte d'Ivoire (FRCI), de ceux de la force spéciale, unité créée par le président de la République pour lutter contre les velléités de déstabilisation au lendemain de la crise postélectorale et des éléments de la gendarmerie.

La sensibilisation est au cœur de la politique de lutte. Le gouvernement a, à travers plusieurs communiqués, appelé la population à la sérénité, tout en l'invitant à plus de collaboration avec les éléments des forces de défense et de sécurité, afin « d'apporter des réponses appropriées[135] ». Le gouvernement invite la communauté musulmane à repousser l'idéologie djihadiste, qui selon lui, est l'œuvre « des criminels en puissance » au détriment des valeurs intrinsèques défendues par l'islam. Le Conseil supérieur des imams (COSIM), en plus des différents communiqués, élabore actuellement une stratégie de campagne de sensibilisation sur le terrain. Les autorités préfectorales des localités du nord, notamment les villes de Korhogo, de Ouangolodougou et de Tengrela sensibilisent sans relâche les populations, particulièrement la communauté musulmane. La sensibilisation est axée sur le vivre ensemble, l'unité de la nation et les valeurs de la République au nom desquels les Ivoiriens et les habitants du pays doivent dénoncer les suspects et les radicaux. Parallèlement, le Comité national de lutte contre la prolifération et la circulation illicite des armes légères et de petit calibre (ComNAT-ALPC) mène des

---

[133] Article 4 du nouvel accord de défense entre la Côte d'Ivoire et la France.

[134] *La Côte d'Ivoire, l'Opération bordure de frontière*, Nord-Sud, 3 juillet, 2015, n° 1234.

[135] Bruno KONE, porte-parole du gouvernement sur RFI, le 1er juillet 2015, dans l'édition de 18h30.

campagnes de sensibilisation auprès des ex-combattants et des jeunes désœuvrés qui pourraient être la proie facile des mouvements terroristes.

Paragraphe 2 : La stratégie de lutte du Niger

Géographiquement, le Niger est à la jonction de deux Etats confrontés à la menace terroriste : le Mali et le Nigéria. Cette position conduit le pays à des vulnérabilités croissantes. D'ailleurs, l'Etat nigérien a d'abord enregistré, sur son sol, de nombreuses attaques menées par les groupes islamistes maliens (AQMI), avant d'être le centre d'intérêt de la secte Boko Haram. La région de Diffa, frontalière avec le Nigéria essuie fréquemment des raids et des attentats kamikazes de la secte. Le besoin d'assurer la quiétude des populations, conformément aux exigences de tout Etat souverain fonde les autorités à mettre en œuvre des mesures. L'objectif est de protéger le territoire et de lutter contre les velléités de déstabilisation. Ces mesures sont de divers ordres.

A- Le renforcement des capacités militaires

Le Nord du Niger est pauvre en ressources naturelles. Il est soumis aux aléas climatiques (sécheresse, invasion des criquets). L'aridité de la zone a entrainé l'exode massif des populations. La faible densité et l'absence des infrastructures ont créé un environnement propice aux trafics des bandes criminelles.

Les autorités nigériennes ont abordé la situation de la zone sous le prisme de l'équation développement-sécurité. Pour le volet sécuritaire, il s'est agi pour le gouvernement d'accroître la surveillance du territoire, de façon générale, mais, en particulier les zones sensibles[136]. Pour cela, environ 2.500 militaires ont été déployés aux frontières avec le Mali et la Libye. L'objectif est de sécuriser les points de passage et de limiter les déplacements

[136] William ASSANVO. Op.cit.

et l'incursion des criminels. Les résultats semblent être probants. En effet, le 12 juin 2011, la Garde nationale a intercepté[137] « un groupe de bandits armés » à 80 km d'Arlit. Elle a saisi deux véhicules de type 4X4, remplis d'armes et d'explosifs, dont un contenait plus de 640 kilogrammes d'explosifs, 439 détonateurs et une somme de 90.000 dollars américains[138]. La police, quant à elle, a neutralisé en août 2012, quatre suspects en mission de prospection en vue des attentats[139]. L'accrochage dans les montagnes de l'Aïr, avec les groupes supposés d'AQMI a permis aux forces armées d'arrêter plusieurs dizaines de jeunes recrues [140].

De plus, deux bataillons d'environ 1200 hommes, formés à la méthode contre-terroriste ont été déployés dans la région de Diffa. Le gouvernement y a institué l'état d'urgence, suite aux multiples accrochages et aux incursions incessantes des combattants de la secte nigériane[141]. « *Au regard de la situation qui prévaut dans cette région, le conseil a décidé d'instaurer un état d'urgence pour permettre aux autorités administratives de requérir aux forces armées. Nous avons à faire à des bandits qui prétendent défendre les valeurs de l'islam, je peux vous assurer que les jours à venir seront très décisifs* [142]». Il a été décidé, entre autres, de la fouille systématique des coffres de

---

[137] Niger *: L'enquête autour des trafiquants provenant de la Libye progresse*, RFI, 16-06-2011, 20-05-2015, 10h40. http://www.rfi.fr/afrique/20110616-niger-enquete-autour-trafiquants-provenance-libye-progresse/

[138] Communiqué du gouvernement lu à la télévision nationale par le ministre de l'Intérieur et de la Sécurité le 13 juin 2012, suite à l'accrochage entre les gardes nationales et des bandits.

[139] Kahina SEKKAI, *Un deuxième Français arrêté au Niger*, Paris Match, 12 novembre 2012. http://www.parismatch.com/Actu/International/Un-deuxieme-djihadiste-francais-arrete-au-Niger-160666

[140] *Belle opération pour l'armée nigérienne*, Le Démocrate 9 septembre 2011

[141] Communiqué final du conseil des ministres du mercredi 10 février 2015. Au cours du conseil, le gouvernement a examiné de façon globale le climat sécuritaire du pays et particulièrement dans la région de Diffa.

[142] Oumar OUMAROU, le porte-parole du gouvernement nigérien sur Radio France Internationale, journal Afrique, édition de 22h30, 10 février 2015.

véhicules et l'interdiction de circuler en moto[143], car ce moyen de déplacement est beaucoup utilisé par les hommes d'Abubakar Shekau.

Au plan strictement politique, le Parlement nigérien a voté une loi autorisant les forces armées nationales à s'engager aux côtés de la Force mixte pour lutter contre Boko Haram. A cet effet, des moyens colossaux à la taille du pays ont été mis à la disposition de l'armée. La flotte aérienne a été renforcée par l'acquisition de deux avions d'observation bimoteurs DA42. L'infanterie a été dotée de blindés (chars, artillerie lourde). Depuis mars 2012, près de 44 milliards[144] supplémentaires ont été octroyés à l'armée. Une grande partie du montant a été destinée à l'achat d'équipements militaires. La seule approche militaire permet-elle d'arriver à bout des islamistes ?

B-Des actions politiques, économiques et sociales

Le développement économique et social du pays occupe une place prépondérante dans la lutte antiterroriste nigérienne. Il est aussi une arme contre l'influence terroriste[145]. La stratégie de développement et de sécurité dans les zones sahélo-sahariennes du Niger (SDS Sahel Niger) est prioritairement destinée à huit régions du pays, supposées être des zones à risque. Il s'agit de Tillabéry, Tahoua, Agadez, Maradi, Zinder, Diffa… Le projet a pour objectif de « sécuriser et de développer ces zones, à travers la protection des biens et des personnes et leurs accès aux opportunités économiques ».

Par le SDS, l'Etat envisage de renforcer sa présence pour la consolidation de la paix et de la sécurité[146], en vue d'assurer l'éducation, la santé, la couverture des besoins en eau, l'emploi et l'accès à l'alimentation, en somme le bien-être de la population. Ledit projet prend en compte le financement de

---

[143] Conseil des ministres du 10 février 2010.

[144] William ASSANVO, op.cit.

[145] Cabinet du Premier ministre. Déclaration de la politique de stratégie du développement de la bande sahélo-sahélienne.

[146] Cabinet du Premier ministre « Déclaration de politique générale'', présentée par Brigi Rafini, Premier ministre nigérien, 16 juin 2011 ».

projets de jeunes, qui, désœuvrés constituent « la proie facile » des groupes terroristes[147].

Fort de ce qui précède, il apparait clairement que la CEDEAO et ses Etats membres sont déterminés à lutter de façon efficiente contre l'extrémisme violent dans la sous-région. Cela se matérialise par la mise en place de plusieurs mesures politiques, institutionnelles et sécuritaires. En dépit des actions d'envergure, certains Etats continuent d'être l'antre des islamistes. Dès lors, nous sommes en droit de nous demander, à quel niveau se trouvent les insuffisances ?

---

[147] Interview, NAJIM El Hadj Mohamed, secrétaire exécutif de la stratégie de développement et de sécurité dans la zone sahélienne-saharienne du Niger (SDS-Sahel, Niger) http://lesahel.org/index.php/component/k2/item/1273-m-najim-elhadj-mohamed-secretaire-executif-de-la-strategie-de-developpement-et-de-securite-dans-les-zones-sahelo-sahariennes-du-niger-sds-sahel-niger

TITRE 3

LES LIMITES DE LA STRATEGIE DE L'INSTITUTION SOUS-REGIONALE ET LES PERSPECTIVES

La CEDEAO est incontestablement l'une des organisations sous-régionales les plus engagées sur le continent dans la lutte contre les menaces sécuritaires. En effet, elle dispose à ce jour, de plusieurs instruments juridiques, stratégiques et politiques. Ceux-ci ont été récemment renforcés afin de cerner et de contrer la menace terroriste. Les initiatives politiques, diplomatiques et sécuritaires de l'organisation, ces dernières années, semblaient avoir réussi à dissiper les appréhensions sur sa capacité réelle à garantir la paix et la sécurité de la population. Manifestement, la survenance des insurrections terroristes et des crises politiques montre incontestablement l'inefficacité du dispositif stratégique, diplomatique, politique et sécuritaire de l'organisation. Cela est dû, au niveau communautaire, à l'inefficacité de l'institution et au plan national, à l'inobservation des exigences politiques (bonne gouvernance) et sécuritaire édictées par la CEDEAO. La combinaison des facteurs susmentionnés affectent considérablement les efforts déployés par l'institution (CHAPITRE1).

Cependant, il existe de bonnes raisons de croire et d'espérer à la force politique de la CEDEAO, car elle dispose de ressources humaines et matérielles considérables, dont la mise en œuvre devrait être une réponse adéquate aux défis mondiaux (sécurité, changement climatique, démocratie…). Il lui appartient de faire une remise à jour de son dispositif, en concentrant l'essentiel de son énergie sur la menace sécuritaire qui se présente à elle ces dernières années comme l'enjeu principal. Cette exigence est dictée par l'évolution de l'environnement géosécuritaire mondial, marqué par des menaces en tous genres enjambant les frontières nationales et régionales (CHAPITRE 2).

CHAPITRE 1 : LES LIMITES DE LA LUTTE ANTITERRORISTE DE LA CEDEAO

Le retour des moudjahidines de l'Afghanistan a été marqué par la multiplication des attentats à travers le monde, particulièrement au Maghreb et au Moyen-Orient. Cette situation d'insécurité générale a amené peuples, gouvernants et organisations à adopter une posture de vigilance, matérialisée par la mise en place de systèmes défensifs et préventifs. Le succès des forces de sécurité des Etats maghrébins, notamment d'Algérie a permis de repousser des mouvements terroristes, dont AQMI vers le sud dans l'immense zone désertique, frontalière avec le Mali. L'Afrique de l'Ouest, autrefois, confrontée aux activités criminelles transnationales (trafics de drogues, d'êtres humains) et aux crises politiques et ethniques est fortement secouée ces dernières années par l'implantation rampante des mouvements terroristes dans sa bande sahélienne. Cette nouvelle donne d'insécurité a inspiré des doctrines politiques, diplomatiques et militaires à l'organisation sous-régionale. En effet, depuis plus d'une décennie, elle multiplie les actions en vue de contenir la menace djihadiste. Toutefois, l'existence de dispositions stratégiques élaborées par la CEDEAO semble ne pas freiner de manière efficace l'avancée fulgurante des islamistes.

La prolifération et l'évolution vertigineuse de l'islamisme radical sont la conséquence immédiate du dysfonctionnement interne des mesures de sécurité décidées par la CEDEAO (SECTION 1). C'est le lieu de souligner avec force que les dispositions de l'institution ont besoin d'être réinterrogées, en vue de bâtir une architecture sécuritaire et politique, capable de répondre aux attentes de la population en matière de sécurité. L'une des raisons de l'inefficacité des dispositions serait la transversalité et la volatilité du terrorisme, dont la solution doit manifestement dépasser le cadre sous-régional (SECTION 2).

SECTION 1 : Les facteurs internes

Depuis l'institutionnalisation du multipartisme dans les années 1990, la construction d'un Etat démocratique et respectueux des droits fondamentaux des citoyens demeure encore un défi majeur en Afrique de l'Ouest. La somme des carences a provoqué des conflits très meurtriers. Ce triste héritage, résultant a priori de l'échec d'une architecture politique et institutionnelle a favorisé l'implantation ou l'incursion des groupes terroristes (paragraphe 1). Le fiasco politique ne doit pas occulter le facteur naturel et social (paragraphe 2).

Paragraphe 1 : Des limites politiques, militaires et juridiques

A- Les limites politiques et institutionnelles

Bon nombre d'Etats ouest-africains sont en proie à une instabilité politique grandissante, marquée par la récurrence ou la fréquence des coups d'Etat. En effet, seuls deux Etats (le Sénégal et le Cap Vert) n'ont pas encore connu l'expérience des putschs depuis leur accession à la souveraineté nationale. Le tableau ainsi présenté dénote clairement l'intérêt certain que l'institution militaire accorde à l'exercice du pouvoir d'Etat. Pourtant, son intervention dans l'arène politique modifie incontestablement la construction d'une société démocratique. La Côte d'Ivoire, considérée comme la deuxième puissance économique de l'espace a réalisé son premier coup de force le 24 décembre 1999, mené par un général à la retraite, Gueï Robert. Celui-ci refusa de rendre pacifiquement le pouvoir à l'issue de l'élection présidentielle d'octobre 2000.

De même, la démocratie malienne, construite après le régime autoritaire du général Moussa Traoré (1965-1991) a connu un coup de massue le 22 mars 2012. Ces cas emblématiques, non exhaustifs, ont mis à nu le dysfonctionnement de l'outil préventif des crises de la CEDEAO. Le cas du Mali en est la manifestation. Pendant que les terroristes avançaient spectaculairement vers le sud et que le capitaine putschiste, Amadou Aya Sanogo s'installait fièrement au palais présidentiel, la CEDEAO s'est contentée de ballets diplomatiques et de réunions à l'issue desquels aucune décision courageuse et contraignante n'a pu être arrêtée, posant ainsi la question de sa capacité à se projeter sur le théâtre des opérations militaires.

En outre, l'organisation a été incapable d'empêcher le coup d'Etat en Guinée-Bissau. Pourtant, des signes étaient bien visibles. Même si elle s'arroge le privilège d'avoir favorisé l'organisation d'élections libres et pacifiques, force est de reconnaitre qu'elle manque parfois de fermeté face aux actions de déstabilisation des régimes. La population de l'espace ouest-africain a besoin d'un système préventif très efficace qui lui permette de faire le deuil des coups de force.

Par ailleurs, bon nombre de conflits territoriaux et indépendantistes subsistent. Par exemple, la Casamance et l'Etat du Sénégal, la rébellion touarègue au Mali. A ce tableau, il faut ajouter le différend territorial larvé entre le Ghana et la Côte d'Ivoire à propos des puits pétroliers en mer.

Les conséquences résultant de ces situations sont nombreuses. Il peut s'agir d'un effet de contagion à travers la circulation massive des armes, encouragée par les mouvements impressionnants et permanents des populations. Ce qui donne sens et vigueur à la thèse de « guerre de nomades ». On estime à plus de dix millions la quantité d'armes en circulation en Afrique de l'Ouest. La moitié est détenue à titre privé et échappe à toute forme de contrôle public. La situation a été aggravée avec la guerre civile libyenne à partir de 2010.

A la lumière de ces faits, il apparait incontestablement que la CEDEAO, après quarante ans d'existence, peine à s'imposer comme une alternative crédible et durable à la résolution et à la prévention des crises déstabilisatrices.

B- Les limites militaires et juridictionnelles

1- L'absence d'une force militaire permanente

La CEDEAO ne dispose pas d'une force opérationnelle permanente, prête à intervenir dès qu'il y a péril à la paix et à la sécurité. Au regard des faits historiques, la FAC n'est constituée qu'à la survenance des crises. La méthode s'est avérée maintes fois peu payante. La plupart du temps, les crises se radicalisent, pendant que l'organisation se contente de ballets diplomatiques. Les crises militaro-politiques successives, intervenues dans la région, notamment en Côte d'Ivoire et au Mali sont révélatrices du dysfonctionnement croissant de son arsenal militaire.

En outre, les armées nationales sont pourvoyeuses de soldats. Pourtant, elles souffrent toutes de manque de moyens matériels adéquats. Cela constitue un problème pour l'organisation qui doit théoriquement et pratiquement s'appuyer sur elles pour monter sa force en attente. La lutte antiterroriste, au plan militaire, nécessite avant tout la dotation des forces armées nationales et régionales en moyens de renseignement efficients, à savoir des drones de surveillance, des satellites, des armes sophistiquées et des moyens aériens. Le constat est tout autre. Ni la CEDEAO, en tant qu'institution, ni les Etats membres n'en disposent.

2- L'inadéquation entre la formation et la menace

Héritée de la colonisation, l'armée africaine est réputée pour ses actes de brutalité. Elle est généralement un instrument d'oppression et de répression aux ordres des régimes, parfois dictatoriaux. Les dirigeants politiques avides de pouvoir, installés durant des décennies et même à vie au sommet de l'Etat assurent leur longévité et leur politique grâce à la force. La menace principale réside, pour ces hommes politiques, civils et militaires dans toute atteinte supposée ou réelle contre leurs prérogatives, le cercle familial et de fidèles[148]. Cette même armée est appelée à faire face à des ennemis qui utilisent des

[148] Dominique BANGOURA, *Etat et sécurité : des idéologies sécuritaires à l'insécurité ou à l'incapacité de l'Etat à assumer ses fonctions de défense et de sécurité*, Cahiers du Gemdev n°24, 2012, p.154.

méthodes de guerre asymétrique. Formée à la guerre classique, elle n'est pas prête pour des combats déterritorialisés. « *La forme de combat que les ennemis nous imposent est nouvelle pour nos armées. Il nous appartient maintenant d'adapter notre formation à cette nouvelle forme de criminalité* [149] ».

De plus, l'armée constitue un ascenseur social pour bon nombre de jeunes africains. Confrontés à un chômage galopant et à une paupérisation sans précédant, nombreux sont les jeunes qui embrassent « la carrière des armes » sans aucune véritable conviction ni dévouement. Ils y vont pour conjurer le sort de la misère.

3- Une armée non républicaine et corrompue

La plupart des armées nationales sont fondées sur des bases ethniques et identitaires. La fonction d'intégration qui consiste dans les pays francophones à rassembler tous les fils sous les drapeaux indépendamment de leurs origines raciales, ethniques, sociales, culturelles et religieuses, selon des règles préétablies, n'existe pas. *Les dirigeants politiques préfèrent recruter des éléments qu'ils peuvent manipuler et contrôler*[150].

Par ailleurs, *les Forces armées de Terre, Air et Mer sont de plus en plus délaissées au profit des troupes d'élite, mieux entrainées et équipées et entièrement vouées à la protection rapprochées du président de la République et de la minorité dirigeante*[151]. En Côte d'Ivoire, s'il y avait un minimum de dosage régional dans l'armée au temps de Félix Houphouët-Boigny, son successeur, Henri Konan Bédié procéda à de nombreuses nominations d'officiers supérieurs de l'ethnie baoulé à des postes clés de l'armée. Les régimes de Laurent Gbagbo et d'Alassane Ouattara semblent avoir fait de même.

---

[149] Désiré Kadré OUEDRAOGO, président de la Commission de la CEDEAO, invité de l'émission internationale, organisée par RFI et TV5 Monde, 20 janvier 2015.

[150] Dominique BANGOURA, op.cit. p.56.

[151] Ibidem.

Ainsi, l'on assiste à une armée ethnicisée, vivant avec en son sein les clivages et les contradictions ethniques qui minent et traversent la société. Ce qui creuse davantage le malaise identitaire, menaçant le tissu social national encore fragile dans la plupart des pays africains[152].

L'un des autres maux qui rongent l'armée africaine est la corruption. La corruption est pratiquée et encouragée au sein des forces armées. Elle est généralement le fait de la hiérarchie. En effet, les primes des soldats pour des interventions sont utilisées à d'autres fins. En Côte d'Ivoire, on parle de « coupeurs de route ». La situation est identique au Mali. Des éléments des Forces armées maliennes n'ont cessé de décrier leurs conditions de vie au front. Or, la prime journalière de 1200 FCFA par soldat au front a été retenue par des supérieurs[153].

C- Les limites juridiques

1- L'absence d'une juridiction répressive sous-régionale

La CEDEAO ne dispose pas, à ce jour, d'une juridiction pour réprimer le terrorisme. Elle s'appuie sur celle des Etats membres, pourtant minée par plusieurs maux, parmi lesquels l'incapacité formelle à instruire les infractions terroristes, la

---

[152] Papa Samba N'DIAYE, *Entre contraintes et bonnes intentions: Les difficultés des organisations internationales africaines dans le domaine du maintien de la paix. L'exemple de la Communauté économique des États de l'Afrique de l'Ouest (CEDEAO) en Côte d'Ivoire et ailleurs (Libéria, Sierra Leone, Guinée Bissau)* de 1990 à 2003, Thèse de doctorat à l'université de Ottawa, Canada, 2011, 428 pages.

[153] Entretien de l'auteur avec un sergent-chef de l'armée malienne à la caserne militaire de la base A de Bamako qui a requis l'anonymat. Il s'est fait nommer djina, c'est-à-dire le diable. Le soldat raconte dans les moindres détails les raisons profondes de l'échec de l'armée malienne au nord, parmi lesquelles, l'on peut citer le sous-équipement, la corruption, le soutien de la France au MNLA et la parfaite organisation et tactique des mouvements terroristes. Il affirme avoir fait plus de cinq ans au nord, notamment dans les villes de Tombouctou, Gao et Kidal.

corruption et la dépendance. La plupart des Etats membres n'ont pas encore élaboré une législation pour criminaliser le terrorisme. L'absence d'instruments juridiques constitue une entrave sérieuse. Le principe universel de la légalité des peines fait obstacle à la répression. Il énonce que la qualification et l'application des peines ne peuvent intervenir que si le fait est légalement défini et puni comme tel.

2- La dépendance et le manque de formation des acteurs judiciaires

L'administration judiciaire africaine est encore à la recherche de son autonomie. Dans de nombreux pays, elle s'est détournée de sa fonction originelle pour devenir un instrument au service du politique. Au Mali, les crimes commis par certains islamistes arrêtés et détenus ont été effacés par des actions politiques, le 9 décembre 2014. Les islamistes ont été purement et simplement relaxés, au profit de la libération de l'otage français, Serge Lazerevic, au grand dam des victimes. L'explication du ministre de la Justice est éloignée du droit, car pour lui, l'action vise à « préserver des liens de coopération bilatérale avec Paris [154]».

Le terrorisme apparaît comme une nouvelle notion dans l'ordonnancement juridique de certains pays. La lutte contre le terrorisme, au plan judiciaire, est différente de celle menée contre les grandes criminalités et autres infractions, relevant du domaine du droit commun, auxquelles les magistrats africains sont quotidiennement confrontés. Elle est une lutte d'exception. L'élément qui fonde le juge à prononcer les sanctions en droit commun est incontestablement la commission de l'infraction, alors qu'en matière de terrorisme, des menaces et des hostilités contre la République suffisent à retenir la qualification. La complexité et le caractère énigmatique que constitue le phénomène exigent que son traitement soit confié à des magistrats spécialisés.

---

[154] Interview du ministre malien de la Justice sur France 24, le 11 décembre 2014.

A bien des égards, les facteurs naturels, économiques et sociaux entravent également les efforts de la CEDEAO.

Paragraphe 2 : Les facteurs naturels, économiques et sociaux

A- Le facteur naturel

1- L'immensité de la zone désertique

L'Afrique de l'Ouest est entourée dans sa bande saharienne par une immense zone désertique. Dépeuplé du fait de l'implacabilité de son climat et de l'absence de ressources naturelles, le désert de l'espace ouest-africain est devenu, ces dernières années, la tanière des groupes terroristes. Il couvre une superficie de plus d'un million deux cents km^2[155]. Son immensité explique en partie l'implantation des mouvements terroristes. La bande sahélo-saharienne ouest-africaine est un trait d'union entre l'Afrique du Nord et l'Afrique subsaharienne. Cette position géographique est très favorable aux activités des djihadistes qui développent des trafics mafieux entre les régions africaines et le reste du monde.

De plus, les nombreux massifs montagneux et les grottes représentent un avantage certain pour les organisations terroristes. Ils sont d'un apport substantiel dans le stockage des armes et de conservation des otages occidentaux. Pour ce qui est du stockage des armes, les massifs ont non seulement servi de poudrière, mais également de lieu de cache d'armes contre le système de radars des avions de combat. La stratégie semble avoir porté ses fruits. En effet, les avions français de l'opération Serval ont eu des difficultés pour détruire des armes enfouies à divers endroits du désert. Au-delà de cette dimension, pour les islamistes, l'arsenal militaire doit être à l'abri des regards de la

---

[155] Massaër DIALLO, *La CEDEAO à l'épreuve des attentes régionales,* Note d'analyses, 30 mars 2012, file:///E:/PAIX%20et%20SECURITE%20EN%20AFRIQUE%20DE%20L%E2%80%99OUEST%20%20LA%20CEDEAO%20A%20L%20EPREUVE%20DES%20ATTENTES%20REGIONALES.htm

population, afin d'éviter la fuite d'informations sur leur capacité militaire.

B- L'incapacité de la CEDEAO face à la problématique économique et sociale

1- Le chômage juvénile

Le développement économique et social constitue un défi de taille pour la communauté économique des Etats ouest-africains. Il s'est présenté avec acuité, depuis la création de l'organisation. Mais après quarante ans d'existence, la CEDEAO a manqué ce rendez-vous crucial, pourtant gage de la stabilité politique, économique et sociale. La population ouest-africaine, estimée à plus de 290 millions d'habitants est majoritairement jeune, dont près de la moitié vit dans le dénuement. Des facteurs sous-régionaux et nationaux pourraient expliquer le chômage exponentiel des jeunes.

Au plan sous-régional, la CEDEAO ne dispose pas de véritable politique d'insertion et de réinsertion sociale. L'emploi des jeunes ne dépasse pas le stade de projets.

Au plan national, le niveau élevé de corruption, de gabegie et de népotisme freine considérablement l'insertion des jeunes. En effet, dans bon nombre de pays africains, seule une minorité profite des ressources publiques de l'Etat, au détriment de la masse. Des fonds issus des ressources sont transférés dans des institutions financières étrangères. En témoigne le détournement de 153 milliards de francs CFA des caisses de l'Etat malien. Pour réaliser leur forfait, les présumés auteurs du détournement ont fabriqué des faux documents pour justifier des dépenses[156]. La situation est identique en Côte d'Ivoire avec un détournement de fonds portant sur un montant de 190 millions de dollars, environ 95 milliards de FCFA. Ce fonds est logé à HSBC, une banque suisse. Près de 382 personnalités sont mises

---

[156]*Corruption au Mali : 153 milliards détournés en deux ans*, RFI, 07-05-2015. Le journaliste s'appuie sur le rapport du vérificateur général rendu public.
http://www.rfi.fr/afrique/20150507-corruption-mali-150-milliards-fcfa-detournes-deux-ans/

en cause, dont Patrick Thomas Klolou Bédié, le fils de l'ancien président de la République, Henri Konan Bédié, exerçant dans le domaine de la filière café-cacao, principale source de revenus du pays[157].

L'égalité de chance entre les citoyens sur le marché de l'emploi est loin d'être une réalité. Le recrutement à des emplois décents ne se fait pas, la plupart du temps, sur la base de compétences, mais sur des bases politiques (degré de militantisme) et ethniques. Le traitement inégalitaire a été l'une des principales causes de nombreuses tensions politiques, religieuses et sociales dans la sous-région.

La suite logique de cette situation est la transformation sociale de la jeunesse. Environ 1/5ème des jeunes de l'Afrique de l'Ouest a commis une fois des actes délictueux ou criminels. En Côte d'Ivoire, la cybercriminalité est essentiellement animée par des jeunes communément appelés « brouteurs » dont l'âge varie entre 15 et 30 ans. Au Burkina Faso, au Bénin et au Togo, des populations ont maintes fois violemment exprimé leur ras-le-bol quant à la stagnation de leur condition sociale. L'obscurcissement de l'avenir est la raison principale de l'émigration des jeunes qui espèrent trouver un mieux-être ailleurs.

2- La non-maitrise de l'émigration de la population par la CEDEAO

L'émigration est l'une des questions socialement cruciales qui ne trouve pas encore de solution. Pourtant, elle entraine des conséquences sociales et morales immenses. Des dizaines de corps de migrants, filmés par des chaînes de télévision étrangères sont fréquemment repêchés par la marine italienne sur des côtes de Lampedusa. A côté de ce drame humain, les trafics de bébés sont organisés par des terroristes avec des filles

---

[157] *Côte d'Ivoire : fraudes HSBC-un fils de Bédié et des Libano-Syriens naturalisés ivoiriens épinglés*, connexion ivoirienne, mardi du 15 février 2015, 13-05-2015, 15h39 http://www.connectionivoirienne.net/107351/cote-divoire-fraude-swissleaks-un-fils-de-bedie-et-des-libano-syriens-naturalises-ivoiriens-epingles

de diverses nationalités qui tentent l'aventure, via le désert malien et nigérien. Alimata Sow en est une victime. « *Nous étions quatre jeunes filles, une Ivoirienne, deux Sénégalaises et une Malienne à braver la peur pour aller chercher une vie meilleure. Mais cela a tourné court quand des personnes se réclamant des fidèles d'Allah ont décidé de nous aider. En réalité, c'était une aide empoisonnée. Nous étions mises dans des maisons isolées pour recevoir des garçons. Chacune d'entre nous pouvait recevoir trois ou quatre garçons par jour. Nous étions contraintes à tomber enceinte, car ils avaient besoin de bébés pour vendre aux Européens qui viennent chercher des enfants en Algérie ou en Libye pour adoption. Mon enfant de trois mois a été vendu contre la ferme promesse de me faire partir en Italie* [158] ».

L'immigration clandestine et non-maîtrisée a permis à certaines organisations terroristes maliennes de renforcer leur capacité humaine. De nombreux jeunes ouest-africains ont rejoint le camp de MUJAO et d'AQMI, sans qu'ils soient fichés par les services secrets de leurs pays respectifs. C'est le cas d'une vingtaine d'Ivoiriens, d'une dizaine de Sénégalais et de Ghanéens, qui en partance pour l'Europe, via le désert malien, ont rejoint le rang des islamistes[159] parce qu'ils ont manqué de moyens financiers pour continuer le chemin[160].

La porosité des frontières freine également les efforts de l'organisation sous-régionale. D'une manière générale, les frontières des Etats sont longues et poreuses. Selon une estimation, entre quatre millions et cinq millions de personnes les traversent chaque mois. Le contrôle est très difficile pour les Etats, voire même inexistant, à divers endroits. Les postes aux frontières manquent de tout. Ils sont sous-équipés et gardés par des agents isolés et corrompus sans moyens de travail adéquats et sont à la merci des criminels. A cela s'ajoute l'absence d'une

---

[158] Entretien de l'auteur avec Salimata SOW sur son lit du Centre hospitalier universitaire Gabriel Touré de Bamako le 13 décembre 2014 à 11h.
[159] Entretien avec Serge DANIEL, op.cit.
[160] Entretien de l'auteur avec un officier de la DSE du Mali, qui a requis l'anonymat, le 17 décembre 2014, à la Direction générale de la police.

politique de gestion collective des frontières entre les Etats. De telles insuffisances font des espaces transfrontaliers des zones de trafics en tous genres et des lieux de grande criminalité (vols à main armée, trafics et circulation d'armes et circulation fluide des mercenaires)[161]. Il est possible de transporter de la drogue sur 1000 km de routes intérieures pour arriver à Bamako sans risque d'être intercepté[162]. Par ailleurs, certaines pratiques constituent une entrave pour l'organisation.

SECTION 2 : Les facteurs externes

Résolument engagée dans la lutte contre l'islamisme, la CEDEAO se heurte parfois aux agissements politiques, diplomatiques et militaires de certaines puissances occidentales, lesquelles encouragent, entretiennent et maintiennent en vie des groupes terroristes. Ces pratiques sont, entre autres, la libération de leurs ressortissants en échange de djihadistes (paragraphe 1) et la protection de leurs intérêts stratégiques (paragraphe 2).

Paragraphe 1 : La libération des otages occidentaux

Deux modes de libération des otages sont généralement utilisés par les gouvernements occidentaux. Il s'agit du paiement de rançons (A) et de la relaxe de présumés terroristes en échange de la libération de ressortissants occidentaux (B).

A-La libération des otages contre le paiement de rançons

Plusieurs gouvernements occidentaux usent de tous les moyens pour obtenir la libération de leurs ressortissants détenus

[161]N'Dioro N'DIAYE, *Les mouvements de population et les problèmes de sécurité dans l'espace de la CEDEAO*, *Les Forces de défense et de sécurité face aux menaces transfrontalières en Afrique de l'Ouest*, colloque international organisé au Sénégal du 9 au 11 septembre 2011.

[162] *L'Afrique de l'Ouest, zone de transit de la drogue*, Rapport UNDOC 2005.

par des terroristes. La pratique a certainement des visées politiques : augmenter la cote de popularité ou respecter le serment prêté. Ainsi, toutes les options paraissent bonnes pour y arriver, même au mépris des règles internationales classiques et stratégiques de lutte contre le terrorisme. Ils sont nombreux les gouvernements européens, sud-américains et asiatiques qui paient des millions d'euros pour faire libérer leurs concitoyens, otages des groupes terroristes. Robert Flower, envoyé du Secrétaire général des Nations Unies pour le Niger et son assistant, Louis Guay, tous deux de nationalité canadienne ont été enlevés dans la région de Niamey (Niger). Leur libération a nécessité le paiement d'une rançon de 13 millions d'euros par le gouvernement canadien[163].

De même, la libération d'Albert Vilalta et Roque Pascual, deux Espagnols enlevés en août 2010 au Nord du Mali, a nécessité le paiement d'une rançon. La négociation menée secrètement par des médiateurs maliens et nigériens a abouti au paiement de 15 millions d'euros, dont deux millions versés aux négociateurs[164]. A l'exception de la Grande-Bretagne et des Etats-Unis, tous les autres pays occidentaux paient pour la libération de leurs ressortissants[165].

A l'instar des spécialistes du terrorisme, la pratique fait l'objet d'une réprobation générale auprès des chefs d'Etat de la région, car elle nourrit et perpétue le phénomène : « *nous continuerons malheureusement à vivre le terrorisme dans le désert, tant qu'on continue à encourager le terroriste à exister par le paiement des rançons*[166] ».

B- Libération des otages en échange des djihadistes

Des djihadistes arrêtés et détenus dans des prisons sont libérés, généralement en contrepartie de la libération de

[163] Serge DANIEL, *Les mafias du Mali, trafics et terrorisme au Sahel.* Op.cit.
[164] Entretien de l'auteur avec Chérif Moussa COULIBALY, l'un des négociateurs maliens au ministère de la Défense, le 19 décembre 2014.
[165] Idem
[166] Mohamed Ould-Abdel AZIZ, président de la Mauritanie, lors du sommet sur la sécurité tenu le 29 et 30 décembre 2014 à Dakar (Sénégal).

ressortissants occidentaux. Certaines puissances, particulièrement la France, font du lobbying auprès des Etats du Sahel pour obtenir la libération de leurs ressortissants en échange des terroristes emprisonnés. De nombreux cas existent. Par trois fois au moins, la France est intervenue pour exiger de l'Etat malien, qu'elle dit avoir sauvé in extremis, la relaxe des djihadistes en échange de la libération de ses ressortissants, enlevés par des islamistes. Le cas le plus frappant est la libération de Serge Lazarevic, enlevé en novembre 2011 à Hombori par AQMI. Le Français a été libéré le 9 décembre 2014. En contrepartie, quatre présumés djihadistes détenus à la prison centrale de Bamako, dans l'attente de leur procès ont été libérés. Il s'agit de Mohamed Aly Ag Wadoussène, présumé auteur de l'enlèvement de l'otage, de Haïba Ag Achérif, Oussama Ben Gouzzi et Habib Ould Mahouloud. L'acte a été fermement dénoncé par des organisations de défense des droits humains nationales et internationales. Car, il encourage non seulement le terrorisme, mais constitue également une porte ouverte à l'impunité. « *S'il s'agit d'un succès pour la diplomatie française, pour nous c'est une grave violation des droits des victimes maliennes. S'il fallait échanger des terroristes contre un otage français, ça voudrait dire que nous n'avons plus de raison d'être*[167]» avait protesté Me Oumar Mariko, président de l'association malienne des droits humains.

La pression exercée par Paris sur l'exécutif malien est sans équivoque. En effet, le ministre malien de la Justice la reconnait littéralement en ces termes : « *Ce n'est pas de gaieté de cœur que le Mali peut s'engager dans des décisions comme ça. Elles relèvent d'une réalité politique plus forte qu'on ne peut pas ignorer, dans les circonstances dans lesquelles le pays se trouve. Le bénéfice est de garder encore une fois cette bonne coopération que nous avons toujours eue avec la France*[168] ».

---

[167] Interview de Me Moctar MARIKO, président de l'association malienne des droits humains sur Radio France Internationale 10 décembre 2014.

[168] Interview du ministre malien de la Justice sur France 24, le 15 décembre 2014.

Paragraphe 2 : La rivalité entre les puissances occidentales

A-La protection des intérêts stratégiques

La protection des intérêts stratégiques des puissances occidentales inhibe parfois les efforts de la CEDEAO. Au regard du passé, elle a maintes fois rendu de nombreuses interventions militaires régionales ou internationales timorées. La gestion du dossier malien met clairement en relief le désaccord des puissances au sujet de la protection de leurs intérêts stratégiques. En effet, pendant que la coalition terroriste progressait en direction du sud, la France et les Etats-Unis n'étaient pas sur la même longueur d'ondes à propos de la gestion du désert malien. La raison est simple. Le Mali avait délivré la licence de recherches pétrolifères de sa zone désertique à l'Algérie, qui associe l'Italie et les Etats-Unis[169]. La Maison-Blanche, ne voulant pas une intervention militaire française, préconise alors « une opération militaire sous la conduite africaine[170] ». L'Administration Obama défend cette position lors de la réunion du 19 octobre 2012, tenue au siège des Nations Unies sur le Mali. Pourtant, l'incapacité de l'UA et de la CEDEAO s'imposait comme une réalité, même aux plus sceptiques. En témoigne la demande d'intervention incessante formulée par Alassane Ouattara à son homologue français. Celui-ci a souhaité s'inscrire dans la légalité internationale par une résolution onusienne.

En outre, les rivalités entre la France et les Etats-Unis sont apparues au grand jour, notamment au sujet de la gestion du Sahara. L'ambition de Paris est d'avoir la mainmise sur la zone, pour protéger ses intérêts[171], notamment les puits de l'uranium[172] au Niger qu'elle exploite depuis une soixantaine

---

[169] Entretien de l'auteur avec Ousmane Mariko Haïdara, ancien conseiller politique de l'ex-ministre des Affaires étrangères à sa résidence de Hamdallaye, dans le district de Bamako, 11 décembre 2014 à 16h.

[170] Serge Daniel, *Les mafias du Mali, trafics et terrorisme au Sahel.* Ibidem

[171] Entretien avec Ousmane Mariko Haïdara. Op.cit

[172] Mouhamadou BARRO, *Les menaces du terrorisme au Mali, quel risque pour le Sénégal* ? Chronique, 20 01 2013 n° 267.

d'années. A ce titre, elle considère la présence d'une autre puissance comme une atteinte à ses intérêts. Pourtant, les Etats-Unis travaillent pour l'ouverture d'une base militaire de lancement de drones, après celles d'Ouganda, d'Ethiopie et de Djibouti aux côtés des flottes aériennes de surveillance basées en Mauritanie, au Burkina Faso et au Soudan du Sud.

De plus, la gestion politique et diplomatique du dossier de Boko Haram par les Américains a freiné d'autres initiatives. Sur la scène internationale, certaines puissances, singulièrement la France ont tenté de mettre en place un cadre stratégique afin de juguler la folie meurtrière de la secte nigériane. Elle organise à Paris un sommet sur la sécurité en Afrique, particulièrement la bande sahélienne. L'objectif est de donner un nouveau souffle aux initiatives militaires et diplomatiques des Etats africains pour faire face au déficit sécuritaire auquel ils sont confrontés. Mais les décisions du sommet de Paris sur la lutte contre Boko Haram sont restées sans suite, du fait des entraves créées par la Maison-Blanche[173].

B- L'ambigüité de la France sur le dossier du MNLA

L'implantation des mouvements terroristes dans le désert du Mali s'explique en partie par le soutien de la France au MNLA. En effet, la diplomatie française semble avoir ignoré le fait que certains djihadistes partagent les mêmes réalités sociologiques, culturelles, linguistiques et religieuses que des dignitaires de l'Azawad. En soutenant officieusement le projet de création de la République de l'Azawad, Paris a créé, peut-être sans le savoir, une situation chaotique. Surtout dans un contexte marqué par le retour massif de milliers de Touaregs maliens qui servaient dans l'armée du guide libyen et l'activisme d'AQMI dans la région. Le soutien de la France a été maintes fois rendu public par les responsables du MNLA, sans que cela ne soit l'objet d'un démenti formel de la part de Paris. Certains analystes parlent d'un projet de longue date, savamment préparé par l'ex-puissance coloniale. Pour cela, elle a favorisé

[173] Un conseiller politique de l'ambassade du Nigéria en Côte d'Ivoire, op.cit.

l'équipement et la formation des combattants touaregs, avant que ceux-ci ne s'attaquent aux forces armées maliennes en 2011[174].

Certains faits crédibilisent la thèse de ces analystes. Il s'agit, notamment, de la découverte du numéro de téléphone d'un responsable de l'Elysée, sous l'ère Nicolas Sarkozy, dans l'ordinateur d'un responsable du MNLA et le maintien de l'armée malienne aux portes de la ville de Kidal par les forces françaises. Pour la hiérarchie militaire malienne, le message était clair. Paris venait de convaincre les plus sceptiques sur son agenda secret[175], en dépit des appréhensions soulevées par l'Elysée sur une probable hypothèse de génocide qui pourrait être le fait de quelques soldats revanchards maliens.

Au regard de ces analyses, plusieurs facteurs obstruent l'engagement de l'institution sous-régionale à freiner la montée en puissance de l'islamisme violent. Cependant, ces obstacles, bien qu'ils soient de nature diverse, ne sont pas insurmontables. Il apparait donc nécessaire pour l'organisation d'assumer sa responsabilité devant l'histoire afin d'offrir la quiétude à sa population.

---

[174] Ibrahim SENE, *Le Mali et l'Azawad : la France paye pour ses contradictions géostratégiques*, Euro-synergie, 15 mars 2015, 10-04-2015.

[175] Entretien de l'auteur avec le colonel Issa DEMBELE, ex-commandant du théâtre des opérations de Gao à son bureau de l'état-major, le 11 décembre 2014 à 18h.

CHAPITRE 2 : LES PERSPECTIVES ET LES ORIENTATIONS

Quel que soit le degré de la menace et le péril qu'il fait peser sur la vie des citoyens, il existe des raisons d'espérer un avenir meilleur avec la CEDEAO. En effet, elle dispose de nombreuses potentialités naturelles, humaines et institutionnelles pour juguler ou contenir la menace islamiste. La mise en œuvre de ces potentialités passe nécessairement par des réformes profondes ou la création d'institutions spécialisées (SECTION 1) et une coopération internationale très poussée (SECTION 2).

SECTION 1 : La création de structures spécialisées

Le terrorisme est un phénomène très énigmatique. Il est porté par des individus pour lesquels la mort sur le terrain du djihad est une aventure à Firdaous[176]. En dehors de cette disposition psychologique, leur mode opératoire est difficilement cernable par les forces de défense de sécurité. Car le phénomène est généralement mené par des petits groupes, très mobiles et efficaces qui attaquent par surprise. Ils bénéficient du soutien de certaines populations locales, marginalisées ou exclues de la société. Ainsi, il importe que son traitement soit réservé à des structures spéciales, capables de disséquer le fonctionnement et l'évolution du fléau (paragraphe 1). De plus, des politiques sociales concrètes, repensées et urgentes doivent être apportées par les décideurs politiques (paragraphe 2).

[176]C'est un paradis réservé aux saints, selon l'orthodoxie musulmane. Il est généralement réservé à ceux qui, par leurs actions, se rapprochent de Dieu ou des prophètes. Dans l'islam, il y a 313 prophètes. Mahomet est le dernier. De ce fait, tous ceux qui s'attribuent le titre de prophète sont des usurpateurs et sont dans la mécréance.

Paragraphe 1 : La nécessaire création d'une juridiction antiterroriste de la CEDEAO

A- Fonctionnement et compétence de l'organe

Même si l'option militaire semble être privilégiée par plusieurs Etats et organisations impliqués dans la lutte contre le terrorisme, la justice constitue indéniablement une pièce maîtresse. Ne dit-on pas que la répression pénale est la meilleure protectrice de l'ordre social ? La création d'une juridiction antiterroriste serait salvatrice. Elle devrait être dotée de moyens conséquents et capables de réprimer les actes terroristes, à l'image de la Cour pénale internationale (CPI), compétente pour connaitre des infractions, relevant des crimes contre l'humanité, crimes de guerre et de génocide. La juridiction antiterroriste de la CEDEAO serait une réponse au piétinement de l'institution judiciaire des Etats membres par des puissances, au gré de la libération de leurs ressortissants. Certaines puissances occidentales profitent de la vulnérabilité des Etats du Sahel pour remettre en liberté de redoutables djihadistes, au nom de la liberté de leurs ressortissants. Le cas de Hamada Ould Mohamed Kheirou est emblématique. Ce djihadiste de nationalité mauritanienne de la katiba de Mokhtar Belmokhtar avait pour mission le ravitaillement en armes de ladite katiba. Arrêté à Bamako, il recouvra la liberté à la demande de Nicolas Sarkozy, en échange de l'otage français Pierre Camatte, en février 2010[177].

De plus, la juridiction antiterroriste sous-régionale, compétente pour connaitre des infractions du terrorisme transnational comblerait l'impunité favorisée par la corruption et la dépendance du système judiciaire national. Elle serait aussi l'expression de la volonté inébranlable des décideurs de la CEDEAO à lutter de façon efficience contre le terrorisme international. Ainsi, l'on n'attendrait pas la Cour pénale internationale (CPI), dont certaines actions sont vigoureusement

[177] Murielle DUTEIL, *Le Mujao, la relève d'Aqmi* ? Le Point, 23- 05- 2013.

contestées sur le continent, pour connaitre des crimes liés à la barbarie des terroristes au Nord du Mali et au Nigéria.

En élaborant un cadre légal de lutte, le législateur de la CEDEAO doit savoir que le terroriste n'est pas uniquement celui qui commet la terreur ou des actions violentes. Il existe trois types de terroriste, à savoir les idéologues, les logisticiens et les exécutants.

Les idéologues sont ceux qui, de par leur position par rapport aux fidèles (imans, califes, conseillers) légitiment le terrorisme dans des prêches, dans des mosquées et à l'occasion des colloques.

Les logisticiens ont pour mission de recueillir les informations utiles sur la ou les cibles et fournissent des armes nécessaires à l'opération. Ils sont censés trouver, par ailleurs, des refuges sûrs avant et après l'opération et des documents de voyage pour le déplacement des exécutants.

Enfin, les exécutants sont ceux qui commettent l'action terroriste, soit par attentat kamikaze, soit par prise d'otage ou par la guérilla...

Prévoir une répression à l'action terroriste sans prendre en compte les trois dimensions soulevées, relèverait d'une absurdité. Car les recrues au djihad agissent généralement sur un coup de tête, sans véritable analyse et réflexion, généralement sous l'influence d'un donneur d'ordre. L'influence disparait et les années amènent à la maturité. Ils sont autant victimes d'une propagande djihadiste que de redoutables criminels[178]. Et même le fait d'inciter des jeunes gens immatures à se transformer en chair à canon est un acte criminel. La CEDEAO ne doit pas se rendre complice de la manipulation de ces idéologues professionnels qui leur lavent le cerveau avant de les utiliser pour une cause absurde. L'adoption d'une législation à vocation sous-régionale ou régionale

---

[178] Marc TREVIDIC, *Terroristes, les 7 piliers de la déraison*, Paris, J.C Lattès, 2012, 281 pages.

fonderait les actions des magistrats contre ces acteurs, agissant dans une sorte d'impunité. La justice fera des prouesses s'il existe une police judicaire très performante et équipée.

B-La mise en place d'une brigade antiterroriste de la CEDEAO

A l'aube des années quatre-vingt-dix, la menace fondamentale qui pesait sur les Etats africains était généralement d'ordre politique (coups d'Etat, conflits intra-étatiques et interétatiques) et des crimes transfrontaliers, matérialisés par les vols de voitures, de bétail, dont les ennemis étaient clairement définissables et territorialisés.

De nos jours, il ne s'agit plus d'étudier une multitude de situations dans un type d'affrontement particulier, mais plutôt de gérer la meilleure réponse à une kyrielle de menaces mouvantes au premier rang desquelles figure le terrorisme[179]. C'est à cette gageure que les services de renseignement africains sont confrontés et peinent visiblement à relever le défi. C'est pourquoi, nous pensons que la création d'un dispositif de renseignement sous-régional est indispensable, en raison de l'évolution récente de l'environnement international, marqué depuis le 11 septembre 2001 par l'hyper-terrorisme, inspiré d'un islamisme radical. Le terrorisme islamiste se manifeste surtout par des actions violentes, préparées clandestinement avec des groupes non-étatiques et très mobiles. Face à cette situation, l'infiltration des agents au sein des réseaux concentrés dans la bande sahélienne et autour des mosquées les plus radicales est nécessaire. La brigade antiterroriste, le poumon du dispositif antiterroriste, doit être équipée de moyens, notamment dans le domaine des écoutes, de l'observation et des télécommunications, d'autant plus que le contexte actuel exige la mise en œuvre d'une politique de renseignement.

---

[179]Medhi ZOUIOUECHE, *Le renseignement français face à une menace mouvante : Le terrorisme, stratégies et perspectives*, Mémoire de diplôme d'université 3ème cycle, novembre 2006, p. 86.

La lutte antiterroriste est un combat de longue haleine. Elle exige de la part des autorités d'agir systématiquement en amont contre les réseaux islamistes et non d'attendre que l'action terroriste survienne pour intervenir. Il convient à ce titre d'être sans cesse en alerte, toujours en éveil, de scruter toutes les pistes. Ce qui passe nécessairement par la mise en place d'un système d'alerte précoce. Cette stratégie doit se fonder sur un pré-positionnement des éléments de la brigade. Car, comme disait l'un des anciens directeurs généraux de la Direction générale de la Sécurité extérieure (DGSE) : « *le terrorisme est comme un grand échiquier caché dont on soulève peu à peu le voile pour se rendre compte que les pions sont déjà en place, à des positions stratégiques, prêts à attaquer*[180] ».

De plus, il doit être établi une interconnexion entre la brigade et les services secrets des Etats. Les deux entités doivent privilégier la « méthode contre-terroriste », seule capable de déceler des territoires, entités ou idéologies sensiblement dangereux. C'est avec cette posture de vigilance fondée sur un système d'alerte précoce que les services parviendront de façon efficiente à combattre ou à neutraliser le fléau dès son éclosion[181]. Le dispositif doit, en principe, empêcher les jeunes de se rendre sur les terrains du djihad ou le cas échéant suivre leurs mouvements de manière à ce qu'ils soient arrêtés dès leur retour.

En plus d'être une structure hautement sécuritaire, elle veille aussi sur des transferts de fonds interétatiques et intra-étatique par le biais de son réseau ultrasécurisé. Cela vise à collecter des informations quantitatives et qualitatives sur le financement du terrorisme et les activités terroristes, dans le but de mesurer la portée des questions et d'identifier les tendances.

---

[180] Jean-Paul NEY et Laurent TOUCHARD. Op.cit.
[181] Medhi ZOUIOUECHE. Op. cit.

C- Nécessaire création d'un fichier régional des criminels

L'établissement d'un fichier des criminels par la CEDEAO favoriserait un bon maillage de son espace. En effet, dans le djihadisme, la principale menace actuelle qui pèse sur les Etats ouest-africains est la menace extérieure qui est généralement menée par des membres des groupes terroristes. Une attaque terroriste est toujours conduite, soit par des membres d'un mouvement terroriste avec la complicité de certaines populations locales, soit par des ressortissants de l'Etat ciblé par un groupe terroriste. Ceux-ci jugent utile, après des séances d'endoctrinement dans des filières djihadistes d'attaquer leur Etat d'origine. Si l'attaque doit être menée par des individus non originaires de l'Etat ciblé par un groupe terroriste, il leur faut des documents de voyage. Avant la commission de l'action terroriste, il revient au groupe de la logistique, appelé également les logisticiens de fournir des documents et des moyens au commandement central, à lui la charge de les transmettre au groupe des exécutants afin de faciliter son déplacement.

En la matière, les groupes terroristes disposent d'une grande capacité et habileté dans la falsification des documents de voyage. Depuis la fin de la guerre de la Serbie, où le phénomène semble avoir pris naissance, les services des Etats, même occidentaux, en charge de la lutte contre le terrorisme peinent à maîtriser son fonctionnement. A l'échelle nationale, le dispositif stratégique mis en place ressemble à une lutte solitaire, car de façon empirique, chaque Etat mène sa lutte, certainement au nom de sa souveraineté. Conséquence : l'identité ou la dangerosité des prévenus arrêtés dans un Etat semble ne pas être révélée à tous les Etats membres. Elle est tenue au secret pour une question de « confidentialité ». Pourtant, la menace dont il s'agit transcende les frontières nationales. Une telle pratique constitue une entrave sérieuse à la lutte, d'autant plus que la porosité des frontières facilite le déplacement des terroristes et autres dangereux criminels.

C'est pourquoi, nous pensons que l'établissement d'un fichier sous-régional est indispensable. Celui-ci doit comporter l'identité de tous les grands criminels en fuite, séjournant ou ayant séjourné dans une prison. Le département des Affaires politiques et sécurité, au sein duquel la brigade antiterroriste de la CEDEAO devrait être logée, serait habilité à le conserver, de sorte que chaque Etat membre pourrait le consulter et le réinterroger, en cas de besoin pour parfaire ou renforcer son dispositif de surveillance. L'existence d'un tel fichier apparait capitale, dans la mesure où elle permet non seulement de retracer dans un bref délai le parcours du criminel après la commission de l'acte répréhensible, mais également, d'empêcher ou d'arrêter à l'intérieur ou à la frontière des membres d'un mouvement terroriste qui projettent des actions terroristes contre un Etat. Le cas de Saleck Ould Cheikh devrait être un catalyseur à la mise en œuvre des politiques d'établissement du fichier. Ce terroriste de nationalité mauritanienne a été jugé pour des faits de terrorisme visant la personne du Président Mohamed Ould Abdel Aziz en 2011. Il s'est évadé de la prison centrale de Nouakchott le 31 décembre 2015. Le forcené a été arrêté trois semaines plus tard dans la localité de Boké, au Nord-Ouest de la Guinée, après avoir traversé le Sénégal et la Guinée-Bissau. Globalement, si l'Europe semble avoir trouvé l'antidote de la menace extérieure qui pesait fortement sur elle, c'est grâce en grande partie à l'existence d'un fichier régional, appelé fichier international.

Le bon fonctionnement du dispositif de fichier doit nécessiter la mobilisation de la police des Etats, particulièrement des agents postés aux frontières qui font office de relai de la brigade antiterroriste de la CEDEAO.

D- Le renforcement et l'élargissement de la coopération interétatique

Les coopérations existantes doivent être élargies et renforcées en matière de lutte antiterroriste et anti-criminalité. Ce qui voudrait dire que les Etats doivent prendre conscience de la communauté d'intérêt et de destin qui les lie, en ayant à l'esprit que la détérioration de la situation sécuritaire dans les régions du Sahel ou dans un Etat membre est susceptible de créer un chaos sécuritaire et de bloquer le développement des Etats de la région.

La lutte contre le phénomène d'insécurité dans l'espace géopolitique concerné passe nécessairement par la sécurisation des espaces maritimes atlantiques contre la piraterie et la transformation de ces derniers, en un lieu commun de coopération et d'échanges. A ce niveau, une concertation doit être menée avec les Etats du Golfe de Guinée, afin de mener une surveillance et un contrôle de l'Atlantique-Sud, dont l'objectif est d'éviter sa transformation en un foyer d'insécurité à dimension mondiale.

Toujours au titre du développement de la coopération sous-régionale, la CEDEAO doit veiller à la mise en place d'une politique intégrée et sans exclusive de lutte contre le terrorisme et de toutes les autres formes de criminalité, en association avec tous les Etats du Maghreb.

La CEDEAO doit intégrer le terrorisme et son financement dans un système régional d'alerte précoce des conflits et catastrophes pour surveiller le financement des terroristes et de leurs réseaux, notamment le système communautaire de vigilance antiterroriste. Le mécanisme doit être en collaboration avec des organismes nationaux, universitaires et de la société civile. Pour cela, des plateformes régionales de formation doivent être développées par le truchement des institutions, notamment[182] le GIABA[183]. Ce, pour faciliter le partage d'expériences entre les acteurs et les autorités concernées afin de renforcer les capacités opérationnelles.

[182] Rapport du Gafi. Op.cit.

[183] Groupe Intergouvernemental d'Action de lutte contre le Blanchiment d'Argent

Paragraphe 2 : Les perspectives économiques et sociales

A- Création d'une cellule autonome et spéciale de gestion des migrations

La gestion et la maitrise de la migration constituent une réponse sociale au défi sécuritaire auquel la région tout entière est confrontée. Le mouvement croissant de la population, favorisé par le contrôle partiel aux frontières et leur porosité alimentent au plus haut niveau la criminalité transnationale. Il apparait nécessaire de mettre en place des structures spéciales de gestion des frontières, qui doivent avoir des points focaux dans les pays de l'espace pour une meilleure coordination. Celles-ci doivent être équipées d'outils de gestion de l'information et de programmes performants (indicateurs de performance avérés, maitrise des déterminants) aux fins d'identifier des personnes qui traversent les frontières et le mobile de leurs déplacements. Les points focaux, en collaboration avec des ministères en charge de la migration et de la sécurité veilleront à l'application stricte des alertes émises par la structure spécialisée.

Sur le plan régional, les institutions sous-régionales impliquées dans la gestion de la sécurité doivent coordonner leurs actions avec celles des Etats membres. Le volet de la migration doit être inscrit à leur agenda. En la matière, l'administration de CEDEAO dispose d'institutions impressionnantes d'alertes proactives. Il s'agit, entre autres, du GIABA, du département de la Défense et de la Sécurité, du département des Affaires humanitaires et sociales et de l'ECOMOG[184].

L'on doit œuvrer au renforcement constant du dialogue entre les différents niveaux de décision de la CEDEAO qui abordera des sujets d'actualité avec suivi-évaluation. Tout cela doit être couronné par une réelle dynamisation de la sous-région qui

---

[184] Rapport du GIABA. Ibidem

puisse mettre cette question au cœur des problématiques d'intégration sous-régionale.

B-Contrôler les actions et les financements des pays arabo-musulmans dans la région

Des élèves ou étudiants coraniques revenus des pays hostiles à l'idée d'un monde établi sur des valeurs occidentales (la démocratie, l'égalité des sexes) doivent être l'objet d'une surveillance particulière. Ce, pour empêcher une importation du djihad par des jeunes à qui l'on a instillé une idéologie salafiste, intégriste et islamiste. Cette exigence est très importante dans la mesure où les études de certains étudiants coraniques de bon nombre de pays ouest-africains (Sénégal, Côte d'Ivoire, Mali) sont financées par des pays arabo-musulmans où fleurissent les mouvements terroristes les plus radicaux.

Les décideurs des Etats et organismes doivent veiller à la prolifération des sectes islamiques et de la Daha-wa[185]. La frontière entre une secte islamique et les mouvements terroristes est très mince. L'expérience en la matière a montré que de nombreuses organisations terroristes furent des sectes religieuses avant de basculer dans l'islamisme radical.

La Daha-wa quant à elle, apparait comme une méthode visant à préparer des consciences au djihadisme. Le Nord du Mali, avant d'être la tanière des terroristes, a d'abord été le refuge des partisans de la secte dans les années 1990, facilité par l'émir d'Ansar-Dine.

Dans le même élan, une surveillance efficace et renforcée des activités des mendiants dans les rues et des levées de fonds sur les sites religieux, en particulier dans des zones connues pour des activités terroristes s'imposent. Cette mesure doit favoriser l'émergence de mécanismes de régulation et de

[185] C'est un mot arabe qui signifie littéralement appeler vers. Il est utilisé par une frange de la communauté musulmane pour expliciter certains points de la religion, généralement les actes du prophète qui paraissent un peu obscurs. La méthode est généralement appliquée par des musulmans se réclamant du courant wahhabite.

contrôle sur les activités et opérations des ONG et des organismes de bienfaisance opérant à l'échelle internationale.

Paragraphe 3 : La coopération interrégionale

A- La coopération entre la CEDEAO et la CEEAC

La nouvelle donne géosécuritaire marquée par une insécurité générale et permanente a entrainé, d'une manière générale, la levée des barrières entre les Etats d'une part et les organisations sous-régionales d'autre part. En effet, dans le contexte ouest-africain, l'expansion du groupe Boko Haram hors de son bastion historique (Nord du Nigéria), menaçant de ce fait la paix et la sécurité des Etats de l'Afrique Centrale (Tchad, Cameroun) a occasionné la réactivation de la coopération sécuritaire entre la Communauté Economique des Etats de l'Afrique de l'Ouest (CEDEAO) et la Communauté Economique des Etats de l'Afrique Centrale (CEEAC). Laquelle, autrefois, était plus axée sur des échanges commerciaux.

La transversalité des attaques terroristes du groupe et son extrême volatilité a favorisé la construction d'une diplomatie de rapprochement entre les deux entités sous-régionales. L'objectif est d'intensifier la coopération sous-régionale en matière de sécurité et de défense, de définir les grandes orientations dans le domaine de l'établissement et de la consolidation de la paix, en vue d'adopter une stratégie commune de lutte contre la secte nigériane Boko Haram. Cette offensive diplomatique doit aboutir très prochainement à l'organisation d'un sommet bipartite entre la CEEAC et la CEDEAO. Les modalités pratiques de la tenue de ce sommet ont été au centre des échanges entre les Présidents Théodore Obiang N'Guema et Denis Sassou Nguesso (émissaires de la CEEAC) et le président ghanéen John Dramani Mahama, alors Président en exercice de la CEDEAO, à Accra le 23 février 2015[186]. Les deux institutions ont la volonté de faire disparaitre certaines tensions politiques et militaires nées des conflits territoriaux, notamment entre le Cameroun et le Nigéria à propos de la péninsule de Bakassi depuis 1994.

La CEEAC a également décidé d'intensifier les actions politiques et diplomatiques en direction du Nigéria[187]. Celles-ci visent à encourager le Nigéria à accroitre ses synergies avec les autres pays du Bassin du Lac Tchad[188]. En soutien aux deux Etats victimes des attaques de la secte Boko Haram, la CEEAC a mis en œuvre le Protocole relatif au pacte d'assistance mutuelle entre les Etats membres, de même que son architecture de sécurité, le Conseil de paix et de sécurité de l'Afrique centrale (COPAX) créé le 25 février 1999.

Par ailleurs, d'autres organisations, notamment la Commission du bassin du Lac Tchad (CBLT)[189] se mobilisent pour faire barrage à l'expansion fulgurante de Boko Haram. La CBLT constitue le principal cadre institutionnel et stratégique pour juguler la menace sécuritaire liée aux incursions meurtrières de Boko Haram sur les territoires voisins du Nigéria. En effet, quatre Etats sur cinq qui la composent sont confrontés au plus haut niveau par la menace. En conséquence,

---

[186]Brusil METOU, *Une diplomatie de paix en construction dans la lutte contre le groupe Boko Haram*, sentinel-droit-international.fr, article 27-2, 2015.
http://www.sentinelle-droit-international.fr/?q=content/une-diplomatie-de-paix-en-construction-dans-la-lutte-contre-boko-haram

[187]Communiqué final : session extraordinaire de la Conférence des chefs d'Etat du Conseil de paix et de sécurité de l'Afrique centrale, consacrée à la lutte contre le groupe terroriste Boko Haram. 16 février 2015 à Yaoundé, Cameroun.

[188] Sommet extraordinaire. Op.cit.

[189] C'est une organisation créée en 1962 à Fort-Lamy, N'Djamena par Convention. Elle regroupe cinq Etats (Nigéria, Tchad, Cameroun, Niger, République Centrafricaine). Sa mission principale est d'assurer la gestion intégrée de l'eau et les ressources halieutiques du bassin du Lac Tchad. Les enjeux géosécuritaires de ces dernières années l'ont amenée à reconsidérer sa mission. Elle a inclus la dimension sécuritaire en se dotant de plusieurs instruments juridiques et militaires.

elle serait outillée pour apprécier objectivement les réalités sécuritaires auxquelles les Etats membres sont confrontés dans leur ensemble. De plus, les Etats membres de cette organisation sont tous membres de la CEDEAO ou de la CEEAC. Cette situation implique une mutualisation des forces entre la CEDEAO et la CEEAC en vue de la résorption des méfaits de la nébuleuse Boko Haram qui porte considérablement atteinte à l'architecture sécuritaire des Etats.

B-Les actions de la Commission du Bassin du Lac Tchad et du G5-Sahel

Comme réponse à la recrudescence des attaques de Boko Haram de ces dernières années, la CBLT a activé sa force en attente, nommée Force multinationale mixte (FMM)[190]. Les modalités du déploiement de la force ont été définies lors du sommet extraordinaire des chefs d'Etat et de gouvernement des pays membres à N'Djamena, le 7 octobre 2014. La FMM doit être composée de 8.700 hommes et la ville nigériane de Doro Baga devrait abriter son quartier général.

Cependant, une approche globale du contexte régional de l'insécurité et les manières d'y faire face ne pourraient se limiter aux seules stratégies sécuritaires et de mise en œuvre de patrouilles conjointes d'une force multinationale mixte ou de mécanismes de surveillance des frontières. Les décideurs de la CBLT doivent prendre en compte le contexte qui a motivé la création de l'institution. Celui-ci renvoie à une double vocation où s'articulent les enjeux de développement et ceux de la sécurité, conformément à l'esprit de la Convention de Fort-Lamy[191].

---

[190] Elle a été créée en 1994 au Tchad par l'ensemble des Etats membres de la Commission du bassin du Lac Tchad. Elle constitue la force armée de l'organisation. Sa mission est « d'assurer la paix et la sécurité dans le bassin du Lac Tchad, afin de garantir la libre circulation des personnes et des biens et le développement économique et social ».

[191] *La CBLT et les défis sécuritaires du Bassin du Lac Tchad,* Rapport du GRIP, n°14, 2 décembre 2014.

L'esprit de ladite Convention visait la préservation de la paix, anticipait une réflexion prospective couplant sécurité et développement, dans cette région potentiellement marquée par une dynamique de compétition pour le contrôle des ressources.

De plus, la lutte contre la secte nigériane doit transcender tous les égoïsmes nationaux et individuels pour s'inscrire dans une vision holistique. Le Tchad, faisant office de puissance militaire dans la région, doit cesser de servir de protectorat à certains cadres de Boko Haram. Depuis plusieurs années, le président tchadien Idriss Déby Itno entretient des liens obscurs avec certains dignitaires de la secte, notamment Ali Modu Schériff, ancien gouverneur de l'Etat de Borno, considéré par de nombreux observateurs comme l'un des financiers du groupe terroriste[192]. Ce dernier, né d'une mère d'origine tchadienne est actionnaire de la Global Petroleum située dans la province tchadienne du Logone Oriental. Il aurait entrepris d'importants investissements dans ce pays.

L'activisme des criminels transnationaux est l'élément catalyseur de la création du G5-Sahel. C'est un cadre institutionnel de coordination et de suivi de la coopération sous-régionale en matière de politique, de développement et de sécurité. L'axe majeur de l'organisation est de faire face aux crises sécuritaires engendrées par la montée en puissance des groupes criminels. Le 21 mai 2014, les ministres de l'Intérieur et de la Sécurité des cinq Etats qui composent l'organisation (Mali, Niger, Tchad, Mauritanie, Burkina Faso) ont adopté « la déclaration de Nouakchott ». Celle-ci vise à faciliter l'échange d'informations dans le domaine de la sécurité et de la gestion des frontières[193].

Par-delà les réunions et déclarations, plusieurs initiatives concrètes ont été lancées, notamment le comité de coordination. C'est dans ce cadre que les chefs d'état-major des Etats membres se réunissent périodiquement pour définir des

---

[192] Op.cit.

[193] Antonin TISSERON, G5 Sahel : *une simple organisation de plus ?*, GRIP, 25 mars 2015, 5 pages.

stratégies afin de contrer les attaques des groupes terroristes et de planifier des opérations conjointes, à l'image de l'« opération Mangouste » en décembre 2014, associant des militaires français, nigériens et tchadiens pour une mission de contrôle de la zone[194].

De leur côté, les ministres en charge du développement multiplient les rencontres afin d'adopter un cadre opérationnel de mise en œuvre et de coordination des initiatives internationales en faveur du Sahel et d'élaborer un Programme d'investissements prioritaires estimé à plus de 7000 milliards de francs CFA. Il est décliné à travers quatre thèmes : la sécurité, la gouvernance, les infrastructures (transport, énergie) et la sécurité alimentaire.

Pour plus d'efficacité, le G5 doit composer avec des Etats comme le Maroc, l'Algérie et le Sénégal. Le choix de l'Algérie et du Maroc s'explique par le fait que ces deux Etats ont des expériences dans la lutte contre le terrorisme et disposent d'une forte capacité en termes de collecte et d'analyse du renseignement et d'une diplomatie efficace dans la région.

Le Sénégal est situé à la jonction de deux Etats en proie au terrorisme (Mauritanie, Mali). Cette position géographique et la prédominance des musulmans dans le pays constituent une menace réelle pour le Sénégal d'une part, et d'autre part, pour l'ensemble de la région, d'autant plus qu'il apparait comme l'un des pays ouest-africains les plus exportateurs du djihadisme international. Selon de nombreux observateurs, des ressortissants sénégalais sont présents dans de nombreuses filières djihadistes à travers le monde, dont une trentaine en Libye pour le compte de l'Etat Islamique (EI).

De plus, au niveau politique, le G5 doit élaborer une stratégie commune de lutte contre la fragilité politique et institutionnelle et contre des fractures sociales importantes de natures confessionnelle, raciale et ethnique auxquelles les Etats membres sont confrontés. Cette vision ne doit pas écarter le

[194] Antonin TISSERON, op.cit.

volet économique et social. Le G5 doit renforcer la coopération entre les Etats en matière de développement, à travers des projets de développement (lutte contre le chômage, création des infrastructures) initiés par eux-mêmes ou par des partenaires internationaux.

SECTION 2 : La coopération internationale

La fin de la guerre en Afghanistan en 1989 a incontestablement changé la configuration et l'orientation du terrorisme. Dans les années 1990, le phénomène a pris de l'ampleur. L'éparpillement des moudjahidines à travers le monde, notamment dans les pays arabo-musulmans a posé les prémices de l'internationalisation du phénomène. La dynamique internationale avait été impulsée par Oussama Ben Laden. La vision transnationale du terrorisme, souhaitée par le chef de file d'Al-Qaïda a été la pomme de discorde entre lui et Abdallah Azzam, l'une des figures de proue du conflit. Les attentats de 1993, de septembre 2001 et bien d'autres perpétrés dans d'autres contrées du monde sont la matérialité de la dimension mondiale et meurtrière du phénomène. L'orientation ainsi donnée par l'émir a obligé des puissances, principalement la France, les Etats-Unis et l'Angleterre à reconsidérer leurs systèmes de défense nationale et internationale. L'Organisation des Nations Unies, censée garantir la paix et la sécurité dans le monde, a d'abord légiféré puis apporté son soutien aux Etats, aux organisations régionales et sous-régionales engagés dans la lutte contre le djihadisme. Les normes onusiennes inspirent plusieurs structures sous-régionales et des Etats dans leur combat contre l'extrémisme violent.

Au-delà du cadre hautement normatif, les Etats œuvrent à l'opérationnalisation des moyens, notamment militaires. Mais, la guerre contre le terrorisme ne peut être gagnée par des « actions solitaires ». Il faut la mutualisation des forces et des énergies. C'est pourquoi, nous pensons que les vulnérabilités auxquelles la CEDEAO est confrontée devraient être réduites à travers la mise en œuvre d'une coopération internationale efficiente, incluant toutes les régions et des puissances du monde.

Paragraphe 1 : La coopération bilatérale

Deux Etats occidentaux sont fortement impliqués dans la lutte contre le djihadisme en Afrique de l'Ouest. Il s'agit de la France et des Etats-Unis.

A- La France

La France est l'une des puissances actives dans la lutte contre l'islamisme en Afrique de l'Ouest. En effet, son apport est essentiellement concentré sur le domaine politique, sécuritaire et économique.

L'aide militaire française semble être la plus importante en Afrique de l'Ouest. Elle vient combler l'incapacité des Etats et de l'institution sous-régionale. La France dispose, depuis 2014, d'un dispositif militaire très important appelé « Opération Barkhane [195] » qui est le prolongement de l'Opération Serval[196], déclenchée en janvier 2013 au Mali.

---

[195] C'est une opération de l'armée française. Elle a été lancée le 1er août 2014 et remplace l'opération Serval au Mali. L'opération Barkhane repose sur une approche stratégique fondée sur une logique de partenariat avec les principaux pays sahéliens (Mali, Burkina Faso, Niger, Mauritanie et Tchad). Elle est composée de trois mille militaires, répartis en deux points d'appui permanents, Gao (Mali), N'Djamena (Tchad), le siège du commandement central. Ses missions sont : appuyer les forces armées des pays de la bande sahélienne dans leurs actions contre les groupes terroristes, empêcher la reconstitution des sanctuaires terroristes et soutenir ces Etats en matière de renseignement et de formation des soldats.

[196] C'est une opération de l'armée française au Mali, déclenchée en janvier 2013 qui a mobilisé plus de trois mille soldats français. L'opération a été autorisée par la résolution 2085 du Conseil de sécurité de l'ONU. L'objectif était de stopper l'avancée des forces djihadistes vers le Sud. Celles-ci en collaboration avec des forces armées de la rébellion touarègue, le MNLA qui avait occupé la partie nord du pays. L'autre volet de la mission est la sécurisation de la capitale et de permettre au pays de recouvrer son intégrité

L'Opération Barkhane s'inscrit dans le cadre d'une stratégie de forces repositionnées dans la région, en partenariat avec les États de la zone (Mali, Mauritanie, Tchad, Niger et Burkina Faso). Composée de 3000 militaires, 200 véhicules logistiques, 200 blindés, 4 drones, 6 avions de combat, une dizaine d'avions de transport et une vingtaine d'hélicoptères, l'Opération Barkhane n'a cessé d'infliger des revers aux djihadistes qui se trouvent dans la région, particulièrement dans le désert malien. En effet, dans la nuit du 28 au 29 octobre 2014, les Forces françaises attaquent un campement d'une trentaine de djihadistes dans la vallée de l'Ametettaï, près de l'Adrar Tigharghar, tuant 24 djihadistes, avec un mort côté français[197]. Dans la nuit du 10 au 11 décembre 2014, l'armée française attaque un groupe de djihadistes dans la région de Gao. Ces derniers perdent une dizaine d'hommes : sept morts et trois prisonniers dont Ahmed al Tilemsi, l'un des principaux chefs d'Al-Mourabitoune[198].

De plus, le 20 mai 2015, le ministre français de la Défense annonce la mort de deux figures du djihadisme malien. Il s'agit d'Abdelkrim al-Targui de son vrai nom Amada Ag Hama et d'Ibrahim Ag Inawalen.[199]Au Niger, les Forces françaises ont intercepté plusieurs convois de terroristes près de la région de

territoriale par l'organisation d'élections libres et démocratiques. L'opération prend fin en juillet 2014.

[197] Un sergent-chef français meurt « dans un violent accrochage » avec des djihadistes maliens, Libération http://www.liberation.fr/societe/2014/10/29/mali-violent-accrochage-entre-la-force-francaise-barkhane-et-un-groupe-terroriste-selon-le-drian_1132047, 29 octo 2014, 22-05-2015, 11h 30

[198] BENJAMIN Roger, Mali : l'armée française annonce avoir tué Ahmed Tilemsi, ex-chef militaire du MUJAO, jeuneafrique, 11-12- 2014, http://www.jeuneafrique.com/Article/ARTJAWEB20141211114702/, 22-05-2015

[199] *Qui sont les deux djihadistes abattus par l'armée française au Mali*, 21-05-2015,http://www.rfi.fr/afrique/20150521-mali-mort-abdelkrim-al-targui-amada-ag-hamal-ibrahim-ag-inawalen-bana-barkhane/ 22 mai-2015

Manama, contenant 1,5 tonne de drogue, des fusils mitrailleurs de type PKM et des moyens de communication[200].

La France a renforcé, ces dernières années, sa coopération militaire avec les Etats du Sahel. Les raisons sont multiples : la recrudescence des activités terroristes, la protection des intérêts stratégiques. Pour cela, elle multiplie et participe à la formation et à l'équipement des forces de nombreux Etats sahéliens. Les Forces françaises de l'Opération Barkhane ont fourni des matériels à l'armée nigérienne pour lutter contre les attaques à répétition de Boko Haram. Ces équipements sont essentiellement composés de moyens de communication (radios, ordinateurs) et de matériels roulants (véhicules de transport).

Au niveau de la coopération avec la CEDEAO, Paris soutient et apporte son appui financier à la formation des soldats dans des écoles militaires de renommée, notamment l'Ecole militaire Me Alioune Blondin Beye de Bamako. Dans le même registre, la France encourage et appuie l'organisation dans la lutte contre la fragilité des Etats membres, en mettant en place des systèmes politiques et institutionnels basés sur les valeurs démocratiques.

Cependant, à la lumière des faits historiques, les interventions de l'ex-puissance coloniale sont tardives. En effet, le Nord du Mali a été occupé plusieurs mois durant, avant qu'une intervention militaire française ne se dessine. Or, la lutte contre le terrorisme est une opération essentiellement préventive et non réactive. La France doit intégrer cette dimension dans son dispositif. Il s'agira, pour elle, de soutenir fortement les services secrets, notamment dans le domaine de la formation, axée sur le système de recueil des informations et leur traitement, les techniques d'infiltration et de fichage des individus jugés suspects ou potentiellement dangereux. D'autant plus qu'en la matière, elle est une référence internationale.

---

[200] http://www.defense.gouv.fr/operations/sahel/actualites/interception-d-un-convoi-affilie-aux-terroristes-a-l-extreme-nord-du-niger

Au plan purement politique, elle doit œuvrer à la résolution pacifique de certaines crises, notamment la rébellion touarègue. Celle-ci a été l'élément catalyseur de l'occupation du Nord du Mali par des djihadistes. La coopération ne doit pas aller à l'encontre des intérêts du partenaire africain dans la lutte contre le terrorisme car les contradictions entre les Etats, les puissances sous-régionales et internationales sont profitables aux islamistes qui n'attendent pas qu'un consensus se dégage avant de frapper.

B- La coopération avec les Etats-Unis

Tout comme la France, l'Amérique est incontestablement l'une des puissances les plus engagées dans la lutte contre le terrorisme. Plusieurs raisons expliquent la forte implication américaine. Elle est l'une des cibles parmi les cibles occidentales. Les islamistes dénoncent sa politique étrangère. Dans les milieux djihadistes, on lui reproche d'être hégémonique et une entrave à l'émergence de la civilisation musulmane, telle qu'enseignée par le prophète Mahomet. L'attaque contre le World Trade Center, le 11 septembre 2001 et les autres attaques contre des intérêts américains (ambassades, citoyens) confortent cette thèse. La lutte contre l'extrémisme violent étant au cœur de la politique étrangère, les Etats-Unis ne lésinent pas sur les moyens à accorder à leurs partenaires régionaux et sous-régionaux.

La lutte contre le terrorisme en Afrique de l'Ouest représente un intérêt vital pour les Etats-Unis. En effet, l'Etat américain entretient depuis plusieurs années une coopération bilatérale, notamment sécuritaire et militaire avec la plupart des pays de la bande sahélo-saharienne, particulièrement le Mali, la Mauritanie, le Niger et le Nigéria. Le dispositif américain de coopération et d'assistance en matière militaire, sécuritaire, diplomatique, humanitaire ou de développement repose sur plusieurs instruments de nature différente, qui contribuent chacun à leur niveau à la lutte contre le terrorisme de manière globale ou à certains de ses aspects en particulier[201].

La contribution américaine au plan militaire est mise en œuvre par le Partenariat transsaharien de lutte contre le terrorisme (Trans-Sahara Counterrorism Partnership, TSCTP. L'organisme a été créé en 2005 par le Congrès américain. Il est doté d'un budget de 500 millions de dollars[202] et mène des missions spécifiques qui sont, entre autres, le soutien aux pays de la bande sahélo-saharienne, le renforcement des capacités, afin d'assurer un meilleur contrôle des frontières et le professionnalisme des forces de défense et de sécurité.

La Pan-Sahel Initiative (PSI) est le dispositif par lequel les Américains assurent la formation des forces de défense et de sécurité des Etats sahéliens ainsi que leur équipement en matériels techniques et roulants[203]. Avec le Mali, cette coopération a pris la forme d'une assistance technique, précisément des formations régulières à l'endroit des militaires maliens et de la fourniture de matériels. C'est dans ce contexte qu'a eu lieu le don de matériels militaires d'une valeur de 9 millions $US le 28 octobre 2011. Le don est composé de 75 véhicules, dont 44 véhicules pick-up, 18 camions et des postes radios[204].

La Maison-Blanche joue également un rôle central dans le domaine des renseignements. Les forces positionnées dans la région recueillent des renseignements et des informations à travers des opérations de renseignement, de surveillance et de reconnaissance. Ces forces sont dotées de matériels de haute technologie, notamment des avions civils équipés, capables de prendre des vidéos, de détecter des sources d'émission d'infrarouges, d'intercepter des signaux radio et des téléphones

---

[201] William ASSANVO. Op.cit
[202] Idem.
[203]US Strategy towards sub-saharan Africa, The White House, June 2012 pp.-4-5 http://www.white house.Gov/sites/default/files/docs/Africa-strategy 2.pdf.
[204] William ASSANVO, op. cit.

cellulaires[205]. Les informations collectées sont traitées par une cellule au Burkina Faso et partagées à l'ensemble des pays sahéliens. Même si l'aspect militaire est le plus important dans le dispositif d'assistance, le domaine économique et social est présent. L'aide sociale américaine en faveur de la sous-région se matérialise par le financement de projets de développement dans des Etats. Les domaines les plus concernés sont l'agriculture, l'éducation, les infrastructures socio-éducatives et routières. Parallèlement, des ONG américaines sont actives dans la sous-région. Elles apportent des aides importantes.

Paragraphe 2 : La coopération multilatérale

A- La coopération entre l'Union africaine et la CEDEAO

La fin de la guerre d'Afghanistan (1989-1990) a entrainé le retour massif des moudjahidines dans leurs pays d'origine. Le Maghreb, le plus grand pourvoyeur de « troupes » connut des années de turbulence, marquées par la constitution croissante des mouvements terroristes les plus radicaux et la multiplication d'attentats sanglants. Cette situation effroyable a amené l'Union africaine à se pencher sur le phénomène à la fin de l'année 1991. Ainsi, elle a élaboré, quelques années plus tard un cadre stratégique antiterroriste qui comprend dans un premier temps l'adoption d'instruments juridiques et techniques.

1- Les instruments juridiques

La Convention sur la prévention et la lutte contre le terrorisme est l'outil juridique par excellence de l'organisation continentale. Elle a été adoptée en 1999 et constitue le cadre légal de l'UA. Celle-ci définit le terrorisme comme « *tout acte en violation des lois pénales de l'Etat susceptible d'intimider, de provoquer une situation de terreur, d'exercer une pression sur tout gouvernement ou institution visant la perturbation du*

[205] CRAIG Whitlock, *U.S. expands secret intelligence operation in Africa*, Washington post, 14 June 2012.

fonctionnement normal des services publics ou de créer une insurrection générale dans un Etat[206] ».

La Convention vise à faire tomber les barrières frontalières et souverainistes entre les Etats africains. D'où le renforcement de la collaboration en matière de lutte contre les criminalités transfrontalières, principalement contre le terrorisme. A ce niveau, les Etats doivent instituer entre eux un système d'échanges, un partage d'informations et de renseignements. Le texte invite également les Etats à s'abstenir de tout acte visant à organiser, à soutenir, à financer et à commettre des actes terroristes contre un Etat partie[207]. En plus du cadre normatif, l'UA s'efforce de promouvoir la coopération pratique entre les Etats en matière de lutte contre le terrorisme par le truchement de sa branche antiterroriste.

2- Le cadre technique de l'UA

Le Centre africain d'étude et de recherche sur le terrorisme (CAERT) est le cadre technique de l'Union africaine. Il a été créé en 2004 et son siège se trouve à Alger, en Algérie. Son mandat est de soutenir les efforts sous-régionaux, nationaux et la mise en œuvre du cadre stratégique antiterroriste, à travers le partage des meilleures pratiques et des expériences nationales[208]. L'UA encourage les Etats à créer des points focaux en collaboration avec les ministères en charge de la sécurité. Ceux-ci doivent communiquer avec le CAERT par un système d'information sur l'état de la sécurité, de la menace, sur les interventions nationales et les besoins de capacités.

L'analyse des menaces sous-régionales et régionales sont faites par le CAERT. A ce titre, il organise des activités de

---

[206] Article 1er de la Convention de l'UA sur la prévention et la lutte contre le terrorisme.

[207] Article 4 de la Convention de l'UA sur la prévention et la lutte contre le terrorisme

[208]*Coopération avec le Centre africain d'étude et de recherche sur le terrorisme europa.eu http://europa.eu/legislation_summaries/development/african_caribbean_pacific_states/l33284_fr.htm 22-05-2015, 13h 35.*

formation et de renforcement des capacités, particulièrement l'amélioration de la coopération dans les domaines liés aux piliers II et III de la stratégie. Par exemple, la capacité de maintien de l'ordre, la protection des infrastructures, la défense, la lutte contre le financement du terrorisme et l'utilisation de l'internet par des terroristes. Bon nombre de ces formations portent spécifiquement sur l'Afrique de l'Ouest[209].

Le CAERT développe également une base de données confidentielle qui comprend des informations fournies par les points focaux, qui sont relatives aux tendances et aux menaces terroristes, ainsi qu'aux membres des groupes terroristes sur le continent et leurs sources de financement. Ces informations sont ensuite analysées et vérifiées par le personnel du CAERT, afin de déterminer si elles méritent d'être incluses dans la base de données[210].

A côté du CAERT, considéré comme une structure technique et de réflexion, certains organes de l'UA assurent des rôles essentiellement axés sur la prévention et la lutte contre le phénomène. Il s'agit du Conseil de paix et de sécurité (CPS), du Système d'alerte précoce, du Panel des sages, de la Cour africaine des droits de l'Homme et des peuples et du Parlement africain. Le rôle de cette dernière institution est d'œuvrer au renforcement et à la supervision des législations sur le terrorisme.

Dans le cadre de la lutte contre Boko Haram, le CPS a demandé la mise en œuvre de toutes les dispositions nécessaires pour aider la Force multinationale mixte (FMM) à devenir pleinement opérationnelle, conformément aux dispositions pertinentes du CONOPS, y compris l'activation du QG stratégique, la désignation d'officiers de liaison au sein du QG opérationnel de la FMM à N'Djamena et la mise en place de la Cellule stratégique, conformément au paragraphe 10 (iv, v et

[209] Jason IPE, James COCKAYNE et Alistair MILLAR, *La mise en œuvre de la stratégie antiterroriste mondiale de l'ONU en Afrique de l'Ouest*, Center on global counterterrorism cooperation, 32 p.
[210] Idem.

vi), ainsi que la mise sur pied d'une équipe dédiée au soutien de l'UA (ESUA), disposant du personnel et de l'expertise nécessaire[211]. L'UA encourage et apporte pleinement son soutien à la CEDEAO dans le cadre de l'opérationnalisation de la Force en attente et sa formation.

B. Le soutien de l'Union européenne (UE) à la CEDEAO

Globalement, l'aide européenne à destination de la CEDEAO concerne les Etats dont les déficits sécuritaires sont énormes. Il s'agit principalement des Etats sahéliens (Mali, Mauritanie, Burkina Faso, Niger). Ces aides couvrent quatre grands domaines de l'Etat, à savoir la politique, la sécurité, l'économie et le social.

1- Le soutien diplomatique et sécuritaire de l'UE

La politique de sécurité et de défense commune (PSDC) est le cadre institutionnel et stratégique des interventions de l'Union européenne à l'intérieur et à l'extérieur de ses frontières. Ses objectifs sont définis par l'article 42 du traité de l'Union européenne (TUE). Celui-ci stipule que l'Union peut avoir recours à des moyens civils et militaires, en dehors de son espace pour « assurer le maintien de la paix, la prévention des conflits et le renforcement de la sécurité internationale, conformément aux principes de la Charte des Nations Unies [212] ».

La bande sahélienne occupe une place importante dans la politique sécuritaire de l'UE. Les intérêts de l'UE dans cette région sont multiples : la lutte contre l'insécurité, le terrorisme, la criminalité organisée, l'immigration clandestine et la sécurité énergétique.

L'endiguement de ces fléaux a amené l'UE à développer un organe, à savoir l'european external action service (EEAS) et

[211] Communiqué final de la 489ème réunion du CPS sur le groupe terroriste Boko Haram, 3 mars 2015.
[212]http://www.touteleurope.eu/les-politiques-europeennes/diplomatie-et-defense/synthese/la-politique-de-securite-et-defense-commune-psdc.html

une mission civile : l'european union training mission (EUTM) qui est une mission de formation.

Les missions civiles sont les missions de police et de justice, les missions humanitaires et d'évacuation et les missions de développement social.

Quant aux missions de sécurité et de défense, elles sont, entres autres, les missions de conseil et d'assistance en matière militaire, les missions de formation militaire des Etats et les opérations militaires pour la gestion des crises, y compris les missions de rétablissement de la paix et les opérations de stabilisation à la fin des conflits.

Presque tous les Etats sahéliens sont concernés par la mission, au premier rang duquel se trouve le Mali. Dans cet Etat, l'UE a mis en œuvre deux missions qui sont EUTM et EUCAP. Cela s'explique par la floraison des mouvements terroristes qui menacent gravement la sécurité de cet Etat, par-delà toute la région. En effet, le 15 avril 2014, le Conseil a créé au titre de la politique de sécurité et de défense commune (PSDC) une mission spécialisée de sécurité[213].

La mission civile a pour objectif d'aider l'Etat malien à garantir l'ordre constitutionnel et démocratique, à mettre en place les conditions d'une paix durable et à maintenir son autorité sur l'ensemble du territoire. Elle forme également les forces armées maliennes (police, gendarmerie et garde nationale). Cette mission a été lancée depuis février 2013. Elle a permis la formation de plusieurs bataillons, on peut citer, entre autres, le bataillon waraba Sikasso, le bataillon sigui, Ségou. Elle est qualifiée de mission civile, bien qu'elle participe à la formation des forces de défense et de sécurité et des conseillers militaires. L'UE mène en outre des opérations militaires en Afrique dénommées EUFOR en République Centrafricaine et en République Démocratique du Congo.

---

[213]http://eeas.europa.eu/csdp/missions-and-operations/eucap-sahel-mali/index_fr.htm

Par ailleurs, l'UE a lancé depuis août 2012, la mission EUCAP-Sahel Niger. C'est une mission de conseil et d'assistance technique qui vise à la restructuration de l'appareil sécuritaire et judiciaire, en renforçant la capacité des forces de défense et de sécurité dans le cadre de la lutte contre le terrorisme et la criminalité organisée. Depuis sa mise sur pied, elle a formé de nombreux agents de la police et de la gendarmerie sur la méthode d'enquêtes judiciaires et du développement de la compétence de la police technique et scientifique.

Dans le domaine de la justice, Bruxelles aide le Niger à mettre en place une stratégie et un plan d'action pour la réforme du système judiciaire qui a abouti récemment à la création d'une chambre spéciale au sein du Tribunal de Grande Instance du Niger, chargée de traiter les questions de terrorisme et de trafic.

De même, en Mauritanie, une stratégie nationale globale de lutte contre le terrorisme est actuellement mise en place et comporte le volet religieux, culturel, académique, communicationnel, politique, justice, défense et sécurité. L'UE a permis à la Mauritanie de se doter d'un cadre juridique de répression contre le terrorisme. Ainsi, le Parlement du pays a voté en 2010 la loi relative à la lutte contre le terrorisme[214].

Toujours dans le domaine de la lutte contre l'insécurité, l'Union européenne et ses États membres coordonnent leurs activités de renforcement des capacités et échangent des informations opérationnelles dans la région grâce au Centre d'opération et d'analyse maritime de lutte contre le trafic de drogue (MAOC-N) et à deux plateformes de coopération situées à Dakar, au Sénégal et à Accra au Ghana. Par ailleurs, le 23 avril 2010, le Conseil a adopté le document d'orientation

---

[214] http://register.consilium.europa.eu/pdf/fr/10/st08/st08821.fr10.pdf.
Adopté par le Conseil JAI des 10 et 11 mai 2010. Le JAI est l'ensemble des politiques liées à la justice et aux affaires intérieures. Il est contenu dans le troisième pilier régi par la méthode intergouvernementale. Le Traité de Maastricht a réparti les domaines d'action européenne en trois piliers. L'appellation JAI a été conservée jusqu'en 1999, date à laquelle on a commencé à parler de coopération policière et judicaire en matière pénale.

générale sur une action stratégique et concertée visant à améliorer la coopération dans la lutte contre la criminalité organisée, en particulier contre le trafic des stupéfiants en Afrique de l'Ouest dans le cadre du Pacte européen pour la lutte contre le trafic international de drogue en Afrique de l'Ouest, signé le 3 juin 2010[215].

2- Au plan économique et social

Dans le cadre d'une coopération financière plus large avec les pays concernés, les ressources déjà affectées ou prévues, contribuant de manière spécifique aux objectifs sont environ de 650 millions d'euros, dont 450 millions[216] sont destinés aux Etats malien, nigérien et mauritanien, au niveau de l'Afrique de l'Ouest ainsi que 200 millions d'euros dans des pays du Maghreb. Cependant, au regard des besoins croissants et urgents constatés sur le terrain, des montants supplémentaires ont été octroyés afin de réduire considérablement les problèmes humanitaires.

C- L'ONU

L'Organisation des Nations Unies appuie la CEDEAO dans la lutte contre le terrorisme depuis plusieurs années, à travers des structures spécialisées qui interviennent dans les domaines politique, sécuritaire, économique et social.

1- Le domaine politique et sécuritaire

N'ayant pas d'accords formels avec la CEDEAO, l'ONU assiste généralement l'organisation sous-régionale dans la lutte contre l'islamisme violent à travers certains Etats membres en proie à une insécurité sans précédent. Pour cela, elle s'appuie sur ses principaux instruments : la Direction exécutive du comité contre le terrorisme (DECT), l'Office des Nations unies

---

[215] Le Programme de Stockholm, *une Europe ouverte et sûre qui sert et protège les citoyens* (JOC 115 du 4.5.2010, p. 1).

[216] *Stratégie pour la sécurité et le développement du Sahel*, Service européen pour l'action extérieure.

contre la drogue et le crime (ONUDC) et le Service de la prévention du terrorisme (SPT).

Créé en 2002, le SPT a pour objectif de faire la promotion de la ratification et l'application des 19 instruments juridiques universels contre le terrorisme, en aidant les Etats membres à rendre leur législation antiterroriste conforme à ces instruments et à fournir aux agents des services de justice pénale, une formation visant à renforcer leurs capacités pour prévenir et combattre le terrorisme, sans oublier le renforcement de la coopération régionale et internationale en matière pénale[217]. Au fil du temps, son mandat a été renforcé et élargi. Il fournit des avis techniques sur les questions de lutte contre le terrorisme aux organes de l'ONU, notamment la Commission pour la prévention du crime et l'Assemblée générale. Son rôle a été déterminant en Afrique de l'Ouest, particulièrement au Mali où, il a formé plusieurs dizaines d'officiers des différentes unités de l'armée, de la police, des douanes, de la gendarmerie et de certaines organisations membres de la société civile.

Il a, par ailleurs, dispensé à des dizaines d'agents, des formations sur les systèmes nationaux de justice pénale des pays d'Afrique de l'Ouest, une « formation spéciale sur le régime juridique contre le terrorisme, en particulier les aspects et les obligations juridiques découlant des instruments juridiques universels contre le terrorisme ». C'est grâce à cette formation que le Sénégal, la Gambie, le Niger et récemment la Côte d'Ivoire ont adopté une législation antiterroriste.

Ensuite, la création de la DECT en 2001 par le Conseil de Sécurité de l'ONU marque un tournant décisif dans la lutte antiterroriste du système des Nations unies, particulièrement pour des zones en proie à des insurrections terroristes. Son rôle en Afrique de l'Ouest a été l'identification des priorités communes, singulièrement des pays confrontés à la menace.

---

[217] Jason IPSE, James COCKAYNE et ALISTAIR Millar, *La mise en œuvre de la stratégie antiterroriste mondiale de l'ONU en Afrique de l'Ouest*, Center on global counterterrorism cooperation, 32 pages.

Elle a organisé une conférence en 2007 à New York, au cours de laquelle elle a invité les donateurs bilatéraux et multilatéraux à se pencher sur la situation sécuritaire dans la sous-région, caractérisée par la montée en puissance de l'islamisme afin d'apporter une assistance technique[218]. C'est dans ce contexte qu'elle a obtenu de l'UE le financement de la formation au maintien de l'ordre et au contrôle des frontières du Sahel et de l'Organisation de l'aviation civile internationale en avril 2009 portant sur les documents lisibles par la machine[219].

En plus, dans sa stratégie d'approche sous-régionale, la DECT a concentré ses efforts sur le maintien de l'ordre et le contrôle des frontières, conformément à la résolution 1373. A ce niveau, elle s'est également employée à faire du lobbying auprès des donateurs afin qu'ils fournissent des matériels technologiques et des moyens financiers pour permettre aux Etats ouest-africains d'avoir une visibilité sur l'identité des personnes qui traversent leurs frontières.

Elle encourage également les Etats à l'amélioration de la sécurité des documents de voyage délivrés par les pays de la sous-région, à travers des séminaires de formation. Car, le manque de registre d'état civil national informatisé en Afrique de l'Ouest nuit à la capacité de certains pays à produire des documents de voyage. Elle leur recommande régulièrement d'établir des registres fiables, en faisant en sorte que le réseau I-24/7 critique d'Interpol ne soit plus seulement accessible au Bureau central national dans chaque capitale mais aussi à tous les points de contrôle frontaliers[220].

Enfin, l'ONUDC, ayant pour champ d'application le domaine de la sécurité et de la justice, a mené plusieurs actions en Afrique de l'Ouest dans la lutte contre le terrorisme transnational et le crime organisé. En effet, il a attiré l'attention de la communauté internationale sur la menace posée par le

---

[218] Jason IPSE. Op.cit.
[219] Idem
[220] Ibidem

trafic de drogue et autres crimes dans la région, ainsi que sur l'élaboration des programmes intégrés pour confronter les menaces.[221] Par exemple, en avril 2008, il a organisé une session ministérielle à Vienne avec un certain nombre de ministres de l'Afrique de l'Ouest pour discuter de la situation sécuritaire dans la sous-région, particulièrement dans la bande sahélienne. Il s'est agi pour la structure de peaufiner sa stratégie de lutte contre le trafic des stupéfiants, contre la corruption et contre le trafic des armes légères. En plus, elle a apporté une assistance technique sous forme de programmes de formation nationaux intégrés à un certain nombre de pays en l'occurrence, le Cap-Vert, la Guinée-Bissau, la Sierra-Léone, le Mali et le Niger.

La structure s'est en outre associée au Département des Opérations de Maintien de la Paix de l'ONU (DOMP), à l'United Nations Office for West Africa (UNOWA) et à Interpol pour lancer la West Africa Coast Initiative, qui vise à renforcer les capacités nationales des Etats considérés comme fragiles, en matière de circulation de la drogue. De plus, ses actions ont accéléré le processus de déploiement des soldats onusiens au Mali, dans le cadre de la Mission Multidimensionnelle Intégrée des Nations Unies pour la Stabilité au Mali (MINUSMA). L'apport de l'Organisation des Nations Unies n'est pas que politique et sécuritaire, il concerne également le domaine économique et social.

2- Le domaine économique et social

Dans la mise en œuvre de sa politique économique et sociale, le programme des Nations unies pour le développement (PNUD) constitue un levier central. Il vise à la réduction de la pauvreté, au développement social, à la gouvernance démocratique, à la prévention des crises, à la lutte contre les inégalités sociales. Le PNUD a entrepris plusieurs programmes de gestion de crises et d'après crises. Ces actions sont, entre autres, la sensibilisation sur les méfaits des conflits armés, la

[221] *Assistance pour la lute contre le terrorisme*, Office des Nations Unies contre la drogue et le crime, mars 2007, 26 pages.

construction des infrastructures socio-éducatives (écoles, réhabilitation des pompes villageoises, financement des projets).

Les structures spécialisées onusiennes pourront être plus efficaces si le terrorisme est déclaré comme une cause mondiale par l'ONU. De ce fait, l'organisation adoptera une posture plus rigoureuse, c'est-à-dire en sanctionnant de façon exemplaire les Etats qui encouragent de quelque manière que ce soit le terrorisme.

Une autre implication est l'élaboration d'un cadre global universel de lutte. La lutte contre le phénomène ne peut être gagnée par des actions isolées, menées solitairement par des puissances dont l'objectif primordial est la protection des intérêts stratégiques.

La technologie semble ne pas être déterminante dans cette guerre chaotique menée par des entités non conventionnelles. Il apparait donc nécessaire de perfectionner, de sophistiquer sans relâche les systèmes d'alerte et les mécanismes de lutte. La prise en compte de la carte de la menace dans toute sa globalité exige de l'organisation mondiale la mise en place d'un cadre de réflexion totalement dévolu aux chercheurs confirmés et habilités. Ils doivent jouer d'une part, un rôle de formation, d'éducation et de sensibilisation, en vue de la transformation sociale de l'homme et d'autre part, élaborer des stratégies efficaces et claires pour le développement économique et social des Etats en voie de développement. De la même manière que l'on ne saurait concevoir une évolution de l'informatique et de la pharmacie sans les mathématiques pures et la chimie fondamentale[222], la lutte antiterroriste à l'échelle mondiale ne pourra être une réalité sans un cadre de réflexion scientifique exclusivement dédié aux chercheurs qui réfléchissent sur les modalités de l'émergence d'une société mondiale au sein de laquelle les contradictions ne sont pas source de violence, mais

---

[222] Xavier RAUFER, *Dictionnaire technique et critique des nouvelles menaces*, Paris, PUF, 1999, p. 218.

un outil indispensable à son évolution harmonieuse. Pour cela, les chercheurs doivent œuvrer à l'harmonisation des civilisations et des cultures. Aucune culture ou civilisation qu'elle soit d'origine religieuse, politique ou sociale ne doit être considérée comme supérieure.

CONCLUSION GENERALE

Le terrorisme est, à l'heure actuelle, l'une des menaces les plus sérieuses à la sécurité internationale. Il a plongé l'humanité tout entière dans une psychose permanente, rythmée par des attentats, des scènes de guérilla, des kamikazes et des voitures piégées. Ce mode opératoire funeste est mené au quotidien par des organisations ou des groupes déterritorialisés, qui s'inspirent d'un islamisme violent, pour qui la mort sur le terrain du djihad est une aventure au paradis.

Il existe une dizaine de mouvements terroristes qui frappent la sous-région. La plupart ont trouvé refuge au Mali. L'intervention des Forces françaises déclenchée début janvier 2013 a ostensiblement réduit l'influence des terroristes dans cet Etat. Le Nigéria est confronté, à l'aube des années 2000, à la secte islamiste Boko Haram. Celle-ci était considérée dans sa phase de gestation comme un mouvement de contestation sociale. Ces mouvements ont presque tous le même mode opératoire : les prises d'otages, les attentats-suicides et le développement des activités illégales (vente de drogue, trafics d'êtres humains, fabrication de fausses monnaies) auxquels il faut ajouter les rançons qui permettent de financer leurs activités. L'activisme des mouvements terroristes en Afrique de l'Ouest a été non seulement facilité par l'incapacité des Etats sahéliens à exercer de façon effective leur souveraineté, mais également par des facteurs naturels.

L'endiguement de la menace évoluant à une vitesse vertigineuse, est au cœur des doctrines militaires, politiques et diplomatiques de la CEDEAO. En effet, l'organisation s'appuie principalement sur le Protocole relatif au « Mécanisme de prévention, de gestion, de règlement des conflits et du maintien de la paix et de la sécurité » de 1999. Cet instrument juridique prévoit, entre autres, la diplomatie préventive, concentrée autour de la création des organes de police, au niveau du renseignement et des structures spécialisées, notamment le

GIABA, chargé de lutter contre le blanchiment des capitaux et le financement du terrorisme. La dimension opérationnelle est incarnée par la Force en attente, appelée autrefois l'ECOMOG. Elle constitue le dispositif militaire et stratégique du rétablissement de la paix et de la sécurité. Par expérience, l'ECOMOG a été déployé dans des Etats membres en proie à des conflits sanglants tels que le Libéria, la Sierra-Léone, la Guinée-Bissau et la Côte d'Ivoire.

A côté des dispositifs hautement stratégiques, la CEDEAO a défini une politique spéciale pour les Etats sahéliens. L'objectif est de réduire considérablement l'évolution rampante des terroristes. Les actions de l'institution en faveur de la bande sahélo-saharienne, la tanière des filières djihadistes, sont essentiellement d'ordre politique, sécuritaire, économique et social.

Cependant, les efforts de la CEDEAO sont inhibés par de nombreux facteurs qui sont essentiellement internes et externes. Les faiblesses internes sont généralement structurelles, à savoir l'absence d'une juridiction antiterroriste, la fragilité politique et institutionnelle des Etats membres et l'absence d'une stratégie antiterroriste clairement définie. Quant aux facteurs externes, ils proviennent essentiellement du paiement de rançons par des puissances étrangères en vue de la libération de leurs ressortissants, souvent en échange des djihadistes incarcérés.

Toutefois, ces faiblesses sont surmontables si la CEDEAO intègre dans ses mécanismes un certain nombre de mesures, notamment la redynamisation de son architecture de paix et de sécurité et l'épineuse question du développement.

Le caractère transversal du fléau implique des réponses au-delà de ses frontières, particulièrement la signature d'accords bilatéraux avec certaines puissances occidentales et des accords multilatéraux avec les institutions à vocation régionale et mondiale (UA, UE et ONU). Quoi qu'il en soit, la réponse à la menace terroriste demande que l'on repense le phénomène pour identifier les véritables causes, afin d'apporter des solutions durables et conséquentes. Ainsi, le terrorisme ne peut être d'emblée combattu par des chars d'assaut. Au regard des faits historiques, la méthode a été contre-productive. Bien au contraire, elle lui a ostensiblement donné un élan vertigineux. En vérité, le terrorisme est devenu incontrôlable, suite à l'intervention militaire américaine en Irak, en violation des législations internationales et à celle de la coalition en Afghanistan.

La conception de la puissance, dans les siècles antérieurs, doit être rappelée à nos décideurs. En effet, le premier critère historique de la puissance était le critère militaire. C'était la clé de la sécurité et donc la survie d'une entité politique nationale et régionale. Avant le XXème siècle, la guerre était considérée comme un moyen légal et légitime pour régler les différends entre Etats. Mais la configuration a changé après la guerre froide, sanctionnée par la disparition de la menace soviétique. D'autant plus que l'on a assisté à l'émergence de nouveaux risques (écologiques, mafias, terrorisme, trafics de drogue, zones grises, conflits ethniques) contre lesquels les solutions militaires classiques semblent inopérantes. Les Etats, aujourd'hui puissants, ont axé leur développement, du moins leur puissance, sur la technologie et sur l'économie. Alors, la définition de la puissance a changé. Elle ne se mesure plus au nombre de poitrines qu'une armée peut aligner derrière les baïonnettes, mais à la qualité de son matériel et au degré de sophistication des techniques qu'elle y incorpore (précision des cibles, capacité d'observation, de détection et d'acquisition des cibles et de communication[223] ».

Ainsi, la lutte antiterroriste est une guerre de longue haleine. Elle exige de la part des autorités d'agir systématiquement en amont contre les réseaux islamistes, et non d'attendre que l'action terroriste survienne, pour intervenir.

De plus, la CEDEAO doit comprendre qu'elle n'est pas confrontée à un terrorisme d'inspiration nationaliste ou séparatiste avec des revendications précises formulées par des

---

[223] Pascal BONIFACE, *Pour comprendre le monde, les relations internationales*, op. cit.

interlocuteurs clairement identifiés. Bien au contraire, il s'agit d'un phénomène diffus parce qu'il n'est pas porté par une ou des personnes, d'une idéologie qui se répand au cœur des sociétés ouest-africaines, voire mondiales comme une tumeur à une vitesse vertigineuse[224]. De ce point de vue, l'approche sécuritaire s'avère insuffisante. La lutte antiterroriste ne cessera pas tant que les décideurs n'auront pas éradiqué en ses fondements l'idéologie qui alimente le cordon ombilical qui lie les terroristes à des populations locales.

---

[224] Mohamed SIFAOUI, *Combattre le terrorisme islamiste*, Paris, Grasset, 2007, 278 pages.

BIBLIOGRAPHIE

I- OUVRAGES GENERAUX

BANGOURA Dominique, *L'Union Africaine et les acteurs sociaux dans la gestion des crises et des conflits armés,* Actes du colloque du 17 novembre 2005, Paris, L'Harmattan, 2006, 194 pages.

BANGOURA Dominique, *Les Armées africaines (1960-1990*), Paris, La Documentation française, 1992, 190 pages.

BLIN Arnaud, CHALIAND Gérard, *Histoire du terrorisme de l'Antiquité à Al-Qaïda, pour comprendre les nouvelles menaces*, Paris, Bayard, 2004, 642 pages.

BONIFACE Pascal, *La Géopolitique, les relations internationales*, Paris, Eyrolles, 2006, 199 pages.

BONIFACE Pascal, *Pour comprendre le monde, les relations internationales pour tous*, Paris, Armand Colin, 2012, 279 pages.

BRUNET Louis, CASONI Diane, *Comprendre l'acte terroriste*, Presse universitaire du Québec, 2003, 145 pages.

CHAUDET Didier, HERVOUET Gérard, *Terrorisme et insurrection*, PUF du Québec, 2004, 255 pages.

DANIEL Serge, *Les mafias du Mali, trafics et terrorisme au Sahel*, Paris, Descartes Cie, 2014, 230 pages.

DANIEL Serge, *AQMI, L'industrie de l'enlèvement,* Paris, Fayard, 2012, 299 pages.

GUIDERE Mathieu, *Les nouveaux terroristes,* Paris, Autrement, 2010, 179 pages.

GUIDERE Mathieu, *Sexe et charia*, Paris, Du Rocher, 2014, 199 pages.

JUERGENSMEYER Mark, *Au nom de Dieu, ils tuent*, Paris, Frontières, 2003, 239 pages. Traduction de Nidad Savic du livre *Terrorism in the mind of God.*

KHOSROKHAVAR Farhad, *Femmes sous le voile face à la loi islamique*, Paris, Félin 1995, 234 pages.

LAMCHICHI Abderrahim, *Pour comprendre l'islamisme politique*, Paris, L'Harmattan, 2004,170 pages.

LAMCHICHI Abderrahim, *L'islamisme en question (s) histoire et perspectives méditerranéennes*, Paris, L'Harmattan, 1997, 255 pages.

LANDAU Paul, *Pour Allah jusqu'à la mort : Enquête sur les convertis de l'islam,* Paris, Du Rocher, 2008, 298 pages.

LASSERE Isabelle et OBERLE Thierry, *Notre guerre secrète au Mali, les nouvelles menaces pour la France*, Paris, Fayard, 2012, 220 pages.

LOBJOIS Philippe, TIGHA Abdelkader, *Contre-espionnage algérien : Notre guerre contre les islamistes*, Nouveau monde, 297 pages.

NELLY Jean-Paul, TOUCHARD Laurent, *Le livre noir du terrorisme*, DMP, collection La pieuvre Noire, 2004, 255 pages.

SIFAOUI Mohamed, *Combattre le terrorisme islamiste*, Paris, Grasset, 2007, 278 pages.

THOMSON David, *Les Français djihadistes*, Paris, Les Arènes, 2014, 229 pages.

II. OUVRAGES SPECIALISES

BURGAT François, *L'islamisme à l'heure d'Al-Qaida*, Paris, La Découverte, 2010, 217 pages.

GUIDERE Mathieu, *Al-Qaida à la conquête du Maghreb : le terrorisme aux portes de l'Europe*, Paris, Du Rocher, 2007, 215 pages.

KEPEL Gilles, *Al-Qaïda dans le texte, Ben laden, Azzam, Zawahiri, Zarqawi : Ce qu'ils ont vraiment dit et écrit*, Paris, PUF, 2008, 484 pages.

KHOSROKHAVAR Farhad, *Quand Al-Qaïda parle derrière les barreaux*, Paris, Grasset, 2006, 424 pages.

MALET Emile, *Al-Qaïda contre le capitalisme, religion et domination*, Presses universitaires de France, 2004, 280 pages.

MOHADDEN Mohamed, *Al-Qaïda au Maghreb islamique : Contrebande au nom de l'islam*, Paris, Seuil, 2010, 213 pages.

MORGANE Nicole et GUIDERE Mathieu, *Le manuel de recrutement d'Al-Qaïda*, Paris, Seuil, 2000, 267 pages.

III. RAPPORTS DES ONG ET DES ORGANISATIONS INTERNATIONALES

Rapport du GRIP, *Trafics d'armes entre la Côte d'Ivoire et le Mali malgré l'embargo*, Bruxelles 2012, 34 pages.

Rapport du GRIP, *La CBLT et les défis sécuritaires du Bassin du Lac Tchad*, n°14, 2 décembre 2014, 13 pages.

TISSERON Antonin. *G5 Sahel : une simple organisation de plus ?* GRIP, 25 mars 2015, 5 pages.

Rapport du GAFI, *Financement du terrorisme en Afrique de l'Ouest*, octobre 2013, 52 pages.

Rapport d'Amnesty international, *Agenda pour les droits de l'Homme : Que de révélations sur les violations des droits humains au Mali,* juin 2012.

Rapport du Représentant spécial du Secrétaire général des Nations unies sur *La Promotion de la bonne gouvernance, du respect de la légalité, de la défense des droits de l'Homme et de l'égalité des sexes*, octobre 2012.

Rapport de la FIDH *: La situation des droits de l'Homme au Mali*, 15 juillet 2013

IV. ARTICLES ET REVUES SCIENTIFIQUES

ASSANVO William, *Menace terroriste en Afrique de l'Ouest : Etat des réponses nationales, régionales et internationales*, IEPS, Note d'analyse n°13, septembre 2012

BANGOURA Dominique, *Etat et sécurité : des idéologies sécuritaires à l'insécurité ou l'incapacité de l'Etat à assumer ses fonctions de défense et de sécurité*, Cahier du Gemdev n°24, 2012.

DALOUZON Jean-François, *D'Al-Qaïda à AQMI, de la menace globale aux menaces locales,* Revue géopolitique, 28 décembre 2011.

LEVESQUE Julie, Boko Haram : *Une opération secrète de la CIA pour diviser et régner en Afrique,* Euro-Synergies, juin 2013.

PEROUSE de MONCTCLOS, Marc-Antoine, *Boko Haram et le terrorisme islamique au Nigéria : insurrection religieuse, contestation politique ou protestation sociale*, Questions de recherche. N°40-juin 2012, 32 pages.

SENE Ibrahima, *Mali et Azawad, la France paye pour ses contradictions géostratégiques, Forum des résistances européennes,* 23 mars 2015.

VICKY Alain, *Aux origines de la secte Boko Haram*, Le Monde diplomatique, avril 2012.

V. DOCUMENTS OFFICIELS

Cabinet du ministère malien de l'Intérieur : Déclaration sur la situation sécuritaire globale dans le pays devant la Commission de défense et de sécurité de l'Assemblée nationale

Communiqué de la 469ème réunion du Conseil de paix et de sécurité de l'Union africaine (UA), 2012.

Communiqué de la Conférence des chefs d'Etat et de gouvernement de la CEDEAO, tenue à Yamoussoukro, 15 mai 2013.

Communiqué de presse de la réunion des chefs de police de la CEDEAO, le 25 juin 2014 à Abuja

Communiqué de presse des ministres de la Sécurité de la CEDEAO, 14 juin 2014, Abuja

Convention de l'UA sur la prévention et la lutte contre le terrorisme de 1999

Convention de la CEDEAO sur les armes légères et de petit calibre

Protocole A/SP1/12/O1 sur la démocratie et la bonne gouvernance (2001), additionnel au Protocole relatif au Mécanisme de prévention, de gestion, de règlement des conflits, de maintien de la paix et de la sécurité

Protocole relatif au Mécanisme de prévention, de gestion, de règlement des conflits, de maintien de la paix et de la sécurité, 1999

Traité révisé de la CEDEAO de 1993, à Cotonou

VI. INTERVIEWS REALISEES PAR L'AUTEUR

Interview de l'auteur avec Boubacar Sidiki SAMAKE, procureur du pôle judiciaire spécialisé du Mali, le 5 décembre 2014 à 15h à son bureau du Tribunal de la commune de VI de Bamako

Interview de l'auteur avec le colonel major, Cheick Tidjane DIARRA, Sous-directeur de l'instruction de l'armée malienne 6 décembre 2014 à 14h-15h30 à la caserne militaire de Djikôroni, Bamako.

Interview de l'auteur avec Mohamed TOURE Al-Moustapha, le commandant de la division de l'armée malienne à l'Etat-major des armées, le 9 décembre 2014.

Interview de l'auteur avec OULD Al Husein, une ancienne recrue du MUJAO à Gao, le 7 décembre 2014 à 10h

Interview de l'auteur avec Saleim Ousmane HAMA, un des chefs touaregs à Gao à son domicile le 7 décembre à 15h30

Interview de l'auteur avec Serge DANIEL, auteur de *Les mafias du Mali, trafics et terrorisme au Sahel* à son domicile à Bamako le 18 décembre 2014

Interview de l'auteur avec Sangaré FARABAH, directeur de l'instruction de l'Ecole miliaire de Me Blondin Baye à Bamako 11h à son bureau au sein de l'établissement.

Interview avec plusieurs agents de la Direction de la sécurité d'Etat du Mali et des Forces armées qui ont requis l'anonymat.

VII. SITES INTERNET

www.jeuneafrique.com , 30 novembre 2014 à 15h 45

www.rfi.fr, 25 décembre 2014 10h 35, 15 novembre 2014, 8h 20 www.ecowas.org 10 octobre 2014, 11h 30, 15h 20, 17h 10, 25 décembre 2014

www.grip.org 10 octobre 2014, 12h 10

www.niamey.com 23 décembre 2014, 16h 20

www.malijet.com 23 décembre 2014, 17h

www.apanews.org 27 février 2015, 21h

ANNEXES

Annexe 1: Interview avec Serge DANIEL, auteur de : *Les mafias du mali, trafics et terrorisme au Sahel,* (Paris, Descartes Cie, 2014, 320 p.) **le 18 décembre 2014 11h, à Bamako,**

Qu'est-ce qui explique la prolifération des mouvements terroristes dans la sous-région ?

Pour comprendre l'influence du terrorisme aujourd'hui, il faut remonter à plusieurs années en arrière. Depuis l'Antiquité en passant par la période contemporaine, le phénomène a toujours existé. Mais, sous différentes formes. Pour ce qui est de notre ère, il faut mentionner que le terrorisme s'est internationalisé après la guerre d'Afghanistan. Oussama Ben Laden et Adallah Azzam, qui ont joué un rôle central pendant le conflit afghan, ne se sont pas entendus sur le prolongement du terrorisme après la guerre. Abdallah Azzan, d'origine palestinienne soutenait l'idée d'un djihad régional, c'est-à-dire une sorte de règlement de compte avec Israël, qui occupe une partie du territoire palestinien. Tandis que Ben Laden soutenait un djihad international. Abdallah Azzam étant tué dans une explosion non loin de Peshawar, dans des conditions mystérieuses, Ben Laden sera le seul maître à bord du navire terroriste. Il ordonna aux nombreuses recrues de rejoindre leurs différents pays, afin de préparer une résistance farouche contre le monde occidental.

C'est pourquoi, à partir des années 1990, l'on a assisté à une floraison de mouvements terroristes, notamment dans les pays arabes. La sous-région, faisant frontière avec des pays maghrébins n'a pas été épargnée.

Quel est le but poursuivi par les terroristes ?

Dans les recherches, il ne faut pas occulter le vernis idéologique. Celui-ci s'exprime généralement par la volonté d'établir un Etat islamique, c'est-à-dire que l'islam devient la seule religion du monde et la charia la norme de référence. Mais, en dehors du vernis idéologique, les islamistes développent des trafics de diverses natures. Ils ont dans leurs rangs des vendeurs de cocaïne. A l'instar de nombreux autres trafics, la vente de la cocaïne se fait entre plusieurs Etats dans la zone, notamment des pays du Maghreb qui sont une voie sûre pour atteindre l'Europe.

Du Nord du Mali, on passe par le Niger et par le Tchad. Il y a une partie qui rentre à Khartoum. De Khartoum, on va en Arabie Saoudite, puis en Egypte et à Tobrouk en Libye et enfin on arrive en Europe.

Finalement, ce que les gens ont compris dans la commercialisation de la drogue au Nord du Mali, c'est qu'un camion pick-up chargé de cocaïne rapporte exactement ce que rapportent 40 pick-up chargés de cannabis. Alors, le trafic de cocaïne va plus intéresser les gens. A côté du trafic de la drogue, d'autres actes illicites sont développés, notamment le trafic d'organes et d'êtres humains et le trafic de cigarettes. Le trafic de cigarettes est important. Je l'avais sous-estimé un moment mais les spécialistes ont attiré mon attention, vu la quantité et son importance en termes de devises.

Qu'est-ce qui a favorisé l'occupation du Nord du Mali par les islamistes ?

D'abord, l'immensité du désert malien. Il fait une fois et demie la superficie de la France. C'est une zone où la densité humaine est très faible. Elle fait 3 habitants par km^2 et a été depuis belle lurette abandonnée par le gouvernement malien, en vertu des accords signés entre l'Etat malien et les groupes rebelles touaregs, dans les années 1990. Il était clairement dit que l'armée malienne se désengage du nord. C'est exactement la même chose, si on demandait à l'armée ivoirienne de se désengager de Korhogo, conformément à un accord signé entre la rébellion de 2002 et le gouvernement de Laurent Gbagbo.

Le second élément est la position géographique. En effet, le Nord du Mali est une zone où l'on peut facilement se déplacer entre plusieurs pays de l'Afrique. On peut aller en Mauritanie, en Algérie, en Tunisie, au Maroc et au Tchad. C'est donc une zone centrale. Malheureusement, elle est abandonnée. Le Mali ne dispose d'aucun avion de reconnaissance. Il n'a donc pas les moyens pour assurer la sécurité de la zone.

L'occupation du Nord du Mali a incontestablement mis à nu l'architecture sécuritaire du Mali, est-ce qu'on peut craindre une contagion pour le reste de la sous-région ?

J'ai vu des choses qui m'ont marqué, précisément, au moment où je travaillais sur l'immigration clandestine. Le Nord du Mali était un passage privilégié pour de nombreux jeunes Ouest-africains, dans le cadre de l'émigration clandestine. Certains ont intégré les rangs des islamistes. J'ai rencontré des Ivoiriens, pas en grande quantité, lors de l'occupation. Ils étaient bien sûr encadrés par des islamistes. Le danger est réel, parce que j'ai vu comment les choses se sont passées avec les islamistes. Il faut d'ailleurs faire attention avec un pays, avec lequel on partage une frontière, dont l'intégrité territoriale est atteinte. Si les gens sont au Mali, cela veut clairement dire qu'ils peuvent frapper un jour la Côte d'Ivoire, le Sénégal et bien d'autres pays de la sous-région. Je sais qu'il y avait un Ivoirien et un Sénégalais qui travaillent pour le compte de la station de radio de Gao, installée par des djihadistes.

Quelle distinction faut-il établir entre les djihadistes et l'insurrection armée touarègue ?

En vérité, il n'y a pas de véritable différence. J'ai défendu cette thèse, dès le départ ; malheureusement j'étais minoritaire. Mais les faits m'ont probablement donné raison. L'erreur de la communauté internationale a été de penser qu'il avait des djihadistes fréquentables et des djihadistes non fréquentables. On avait pensé que la principale force était le MNLA. Pourtant, il était sur un même terrain avec les islamistes contre le gouvernement malien. Chacun avait son plan. Le MNLA avait besoin des terroristes pour combattre l'armée malienne et les chasser après, avec l'aide de la France. Les islamistes, quant à eux, avaient intérêt à combattre l'armée malienne aux côtés du MNLA, parce qu'ils savaient pertinemment que le succès des Forces armées maliennes sur le MNLA aurait fait échouer leur plan d'occupation. Ils avaient aussi leur agenda. Pour eux, il fallait profiter de la publicité gratuite accordée au MNLA par des médias pour frapper le gouvernement malien. Je pense qu'il y avait un noyau armé qui n'était pas lié au terrorisme. Mais ce sont des éléments réduits. Ils n'étaient pas nombreux.

Idéologiquement et tactiquement parlant, les groupes armés qui ont pactisé avec les terroristes étaient en surnombre. Les islamistes considéraient les militaires du MNLA comme des plaisantins. Oumar Hama a dit qu'ils étaient sur le même terrain avec le MNLA et que le MNLA voulait la partition du Mali ; pendant ce temps, les islamistes souhaitaient que l'islam devienne l'unique religion du Mali. En clair, ils étaient contre la partition du Mali. La différence est très importante. L'un voulait la partition du Mali, tandis que l'autre souhaitait que l'islam soit la seule religion du Mali et la charia, la loi fondamentale.

Selon vous, quels sont les mécanismes et les stratégies que la CEDEAO doit mettre en place pour endiguer ou pour éliminer le phénomène ?

A mon avis, il n'y a pas de solution miracle. Il faut d'abord une lutte transversale. C'est-à-dire qu'elle doit être menée de façon concomitante. Ce qui voudrait dire que lorsqu'on combat les islamistes au Nord du Mali, il faut également les combattre au Niger, au Tchad, en Libye et au Nigéria. Il est important que la CEDEAO lutte contre l'exclusion politique et sociale dans les Etats membres.

Elle doit également s'employer à établir une bonne politique de développement. Je connais bien la zone sahélienne que certains Etats de la sous-région ont en commun. On peut parcourir près de cent kilomètres sans trouver une seule trace d'infrastructure éducative, sanitaire et distractive. On ne peut vouloir combattre le terrorisme dans cette zone en l'état actuel. Il est inutile d'engager des programmes de développement au Mali sans en faire autant au Niger et en Mauritanie.

Doit-on mettre en veilleuse l'aspect militaire ?

L'option militaire n'est pas mauvaise en quelque sorte. Mais, il faut avant tout engager des programmes de développement. L'armée doit intervenir en dernier ressort. Les Etats doivent adapter la formation à la menace. Le Mali a commis une erreur. Les militaires envoyés pour sécuriser le nord avant 2011 étaient à 70% ou à 80% originaires du nord. Ce n'est pas de cette manière qu'on construit une nation. Je crois que c'était une erreur stratégique. Cependant, je demeure persuadé que si l'on veut remporter une bataille au nord, il faut de l'aérien. S'il n'y a pas de l'aérien, la lutte sera difficile, voire impossible. L'armée française a remporté la bataille grâce à son impressionnante flotte aérienne.

Quel regard portez-vous sur le paiement des rançons ?

Je suis contre le paiement des rançons. Les Américains et les Britanniques ne paient pas de rançon. Je connus un Britannique qui a été tué au Nord du Mali parce que la Grande-Bretagne n'a pas voulu payer de rançon. Le paiement de rançon alimente le terrorisme. Effectivement, d'un autre point de vue, on peut dire qu'on doit libérer un citoyen dont la vie est en danger. Pour cela, nous devrons fermer les yeux sur certaines choses. Dans tous les cas, la lutte contre le terrorisme ne passe pas par le paiement de rançon, car il permet aux islamistes de recruter, d'acheter des armes, en clair de se maintenir en vie. Mais, on constate que plusieurs Etats, surtout européens paient des rançons. La France, l'Italie, l'Espagne, l'Allemagne et bien d'autres Etats paient des rançons. Ce ne sont pas de petites sommes. Non seulement on paie, mais aussi on opte pour la libération des islamistes en échange des Occidentaux. C'est un problème sérieux. Plusieurs otages ont été libérés, suite à la relaxe des redoutables terroristes. Je veux parler de Pierre

Camatte. Maintenant, les gens en ont marre. Ils réagissent. Leur réaction veut clairement dire arrêtez ça, nous en avons assez.

Annexe 2 : Loi instituant le Pôle judiciaire spécialisé du Mali

Le 9 mai 2013, les députés maliens ont voté à l'unanimité le projet de texte portant modification du code de procédure pénale. Ce texte avait pour but d'instituer le Pôle judicaire spécialisé en matière de lutte contre le terrorisme et la criminalité transnationale organisée. Il sera composé d'un parquet spécialisé, de cabinets d'instruction spécialisés et d'une brigade spécialisée dite brigade de lutte contre le terrorisme et la criminalité transnationale organisée.

I. LES JUSTIFICATIONS

Le vote des députés a été certainement motivé par la crise sécuritaire que nous traversons. Nous sommes, aujourd'hui, confrontés à l'existence sur notre territoire de groupes criminels organisés. Ces groupes criminels composés de plusieurs nationalités ne se trouvent pas uniquement au nord de notre pays comme on le pense souvent. Leurs agissements criminels comme la prise en otage de ressortissants étrangers, le vol, les trafics de drogue, d'armes et de munitions de toutes sortes, de marchandises, de personnes etc. ont rendu nécessaire une adaptation de la réaction sociale face au phénomène. En effet, il s'agit de trouver une réponse institutionnelle pour lutter efficacement contre cette menace devant laquelle les règles classiques de droit pénal se sont avérées insuffisantes.

Le Mali a signé et ratifié la plupart des instruments juridiques universels de lutte contre le terrorisme et la criminalité transnationale organisée. Sur le plan interne, plusieurs textes comme la loi n°025 du 23 juillet 2008 portant répression du terrorisme, la loi n°062 du 30 décembre 2010 portant loi uniforme relative à la lutte contre le financement du terrorisme ont été adoptés.

Malgré ces mesures, l'insécurité, particulièrement dans la partie nord du territoire national, a entrainé une crise institutionnelle permettant d'entrevoir ou de comprendre la gravité de la menace terroriste et la criminalité transnationale organisée sur la stabilité de l'Etat ou même de la région concernée.

La complexité et la spécificité des infractions concernées (actes de terrorisme et de criminalité transnationale organisée) font qu'elles doivent être traitées par des services spécialisés dans ces types de délinquance, mais aussi, pour des raisons d'efficacité les poursuites doivent être centralisées pour éviter une dispersion des efforts et des moyens.

Aussi, a-t-il été proposé la création d'un Pôle judiciaire spécialisé de lutte contre le terrorisme et la criminalité transnationale organisée, distinct du Pôle économique et financier. Le Pôle judiciaire spécialisée sera situé à Bamako, précisément au Tribunal de Première Instance de la commune VI du district de Bamako.

II. LES MODIFICATIONS APPORTEES AU CODE DE PROCEDURE PENALE

Les dispositions du code de procédure pénale qui ont été modifiées sont les articles 24, 71, 76, 609, 610, 611 et 612.

- Il a été ajouté à l'article 29 nouveau un deuxième alinéa qui permet de poursuivre et de juger d'après les dispositions des lois maliennes tout étranger qui hors du territoire, s'est rendu coupable d'acte de terrorisme ou de crime transnational organisé, s'il est arrêté au Mali ou si le gouvernement obtient son extradition.

Nous sommes, aujourd'hui, dans un monde ouvert. Il s'agit d'éviter que notre pays ne soit le repaire des criminels qui commettent les infractions les plus graves.

- L'article 71 nouveau introduit deux dérogations majeures dans le droit commun des poursuites : s'il existe des indices faisant présumer de la commission ou de la tentative de commission d'acte de terrorisme ou de crime transnational organisé, les perquisitions et les visites domiciliaires peuvent être opérées à n'importe quelle heure de jour comme de nuit et hors la présence des personnes mises en cause. Pour les besoins de l'enquête, les officiers de police judiciaire, sur autorisation écrite du procureur de la République ou du juge d'instruction agissant sur commission rogatoire peuvent intercepter les communications téléphoniques, les messages électroniques et autres courriers des suspects et de toutes personnes en rapport avec eux. (Remarque : article 6 de la Constitution : le domicile, la vie privée et familiale, le secret de la correspondance et des communications sont inviolables. On ne peut y porter atteinte que dans les conditions prévues par la loi).

- L'article 76 nouveau apporte une dérogation majeure au délai de garde à vue qui ne peut en règle générale dépasser 72 heures. La nouvelle loi énonce que les auteurs présumés d'infractions terroristes ou de crime transnational organisé et leurs complices peuvent être placés en gade à vue pour une période de 48 heures. Ce délai peut être prolongé trois fois pour la même durée. L'autorisation écrite du procureur de la République ou du juge d'instruction sera nécessaire toutes les 48 heures à compter de la décision du placement en garde à vue, (article 10 de la Constitution : nul ne doit être détenu pour une durée supérieure à 48 heures que par une décision motivée d'un magistrat de l'ordre judiciaire).

- Le chapitre IX nouveau du titre IX est intitulé comme suit : « de la poursuite de l'instruction et du jugement en matière de corruption et d'infractions économiques et financières, de terrorisme et des autres crimes transnationaux ». Il remplace le chapitre IX qui était intitulé : « de la poursuite de l'instruction et du jugement en matière de corruption et d'infractions économiques et financières ». Ainsi, les nouvelles décisions qui fixent les compétences matérielles et territoriales du pôle judiciaire spécialisé, la composition du pôle judiciaire et la manière dont les affaires seront traitées ont pu être introduites.

- L'article 609-1 nouveau prévoit : « les infractions prévues par la loi n°08-025 du 23 juillet 2008 » portant répression du terrorisme au Mali, la loi n°10-062 du 30 décembre 2010 portant loi uniforme relative à la lutte contre le financement du terrorisme, la loi n°06-066 du 29 décembre 2006 portant loi uniforme relative à la lutte contre le blanchiment de capitaux, la loi n°01-078 du 18 juillet 2001 portant sur le contrôle de la drogue, la loi n°04-050 du 12 novembre 2004 régissant les armes et les munitions, la loi n° 12-023 du 12 juillet 2012 relative à la lutte contre la traite des personnes et les pratiques assimilées, sont poursuivies, instruites et jugées selon les dispositions du code de procédure pénale sous réserve des dispositions des articles 24 nouveau, 76 nouveau, 610-1 nouveau, 611-1 nouveau, 612-1 nouveau du code de procédure pénale si elles sont de nature transnationale.

Une infraction est de nature transnationale si :

Elle est organisée dans plus d'un Etat ;

Elle est commise dans un autre Etat, mais une partie substantielle de sa préparation, de sa planification, de sa conduite ou de son contrôle a eu lieu dans un autre Etat ;

Elle est commise dans un autre Etat mais implique un groupe criminel organisé qui se livre à des activités criminelles dans plus d'un Etat ;

Elle est commise dans un Etat mais a des effets substantiels dans un autre Etat.

Un groupe criminel organisé désigne au sens de la présente loi toute association formée, quelle que soit la durée et le nombre de ses membres ou toute entente dans le but de commettre un crime ou un délit.

Sont considérées comme des infractions de nature transnationale en raison de leur gravité les actes de terrorisme, le financement du terrorisme et le blanchiment des capitaux.

L'article 610-1 nouveau détermine les structures chargées de la poursuite de l'instruction et du jugement des affaires en matière d'actes terroristes et de criminalité transnationale organisée. Ainsi, il est institué au tribunal de grande instance de la commune VI du district de Bamako, un Pôle judiciaire spécialisé en matière de lutte contre le terrorisme et la criminalité transnationale organisée composé ;

- d'un parquet spécialisé sous l'autorisation et la direction du procureur de la République ;

- de cabinets d'instruction spécialisés ;

- d'une brigade d'investigation spécialisée dite brigade de lutte contre le terrorisme et la criminalité transnationale organisée comprenant des officiers et agents de police judiciaire, de la gendarmerie et de la police mis à la disposition du ministère de la Justice par les ministres chargés des Forces armées et de sécurité ;

- des assistants qui sont spécialistes ou experts suivant leurs domaines de compétences pourront être mis à la disposition du ministère de la Justice par l'autorité compétente.

Les officiers et agents de police judicaire ainsi que les assistants susvisés sont placés sous l'autorité du procureur de la République, destinataire des procès-verbaux et des rapports établis dans les matières définies à l'article 609-1.

Le procureur de la République et du pôle judiciaire spécialisé est destinataire des procès verbaux de l'office central des stupéfiants en matière de trafic international de drogues, de stupéfiants, des substances psychotropes, de précurseurs et de substances soumises au contrôle.

- L'article 610-2 nouveau dispose que les mesures d'application de l'article 610-1 ci-dessus sont déterminées en tant que besoin par un décret pris en Conseil des ministres.

L'article 611-1 nouveau donne en ces termes une compétence territoriale nationale aux structures judiciaires chargées de traiter la matière.

Dans la poursuite et l'instruction des infractions commises en matière de terrorisme et de criminalité transnationale organisée, telles que définies à l'article 609-1, ainsi que des infractions connexes, la compétence territoriale du Parquet et des cabinets spécialisés couvre toute l'étendue du territoire national.

Pour le jugement des infractions ci-dessus spécifiées et qualifiées de délits, ainsi que des infractions connexes, le tribunal correctionnel de la commune VI du district de Bamako, exerce la compétence territoriale ci-dessus définie.

La chambre d'accusation de la cour d'Appel de Bamako est la juridiction de second degré pour toutes les affaires instruites par le pôle judiciaire spécialisé.

La chambre correctionnelle de la cour d'Appel de Bamako connait des appels des décisions rendues par le tribunal correctionnel de la commune VI en la matière.

La Cour d'assises de Bamako est compétente dans les mêmes conditions en cas de crimes ou de tout autre crime ou délit connexe mais avec une composition spéciale.

- L'article 612-1 nouveau détermine les modalités de dessaisissement des officiers du pôle judicaire spécialisé et des autorités judiciaires au profit du pôle judiciaire spécialisé en matière de terrorisme et de criminalité organisée.

L'adoption de ce projet de texte par l'Assemblée nationale est un événement remarquable, car elle constitue un tournant décisif sur le plan judicaire du traitement de la criminalité transnationale organisée.

Fait à Bamako le 09 mai 2013 par l'Assemblée nationale du Mali

Source : Loi n° 2013-016 du 21 mai 2013

Annexe 3: La loi antiterroriste de la Côte d'Ivoire

CHAPITRE I : DISPOSITIONS GENERALES

ARTICLE 1 : La présente loi a pour objet de réprimer le terrorisme.

ARTICLE 2 : Au sens du présent projet de loi, on entend par :

- Groupe criminel organisé, un groupe structuré de deux personnes ou plus existant depuis un certain temps et agissant de concert dans le but de commettre une ou plusieurs infractions graves ou infractions établies conformément à la Convention des Nations Unies contre la criminalité transnationale organisée, pour en tirer, directement ou indirectement, un avantage financier ou tout autre avantage ;

- Infrastructure, tout équipement public ou privé, fournissant des services publics, tels l'adduction d'eau, l'évacuation des eaux usées, l'énergie, le combustible ou les communications ;

- Produit chimique toxique, tout produit chimique, qui par son action chimique sur des processus biologiques, peut provoquer chez les êtres humains ou les animaux, la mort, une incapacité temporaire ou des dommages permanents, et comprenant tous les produits chimiques de ce type, quels qu'en soient l'origine ou le mode de fabrication, qu'ils soient obtenus dans des installations, dans des munitions ou ailleurs ;

- Système de transport public, les équipements, véhicules et moyens publics ou privés, qui sont utilisés dans le cadre de services de transport terrestre, ferroviaire, aérien ou maritime de personnes ou de marchandises accessibles au public.

CHAPITRE II : INCRIMINATIONS

SECTION I : Actes terroristes

ARTICLE 3 : Est puni d'un emprisonnement de dix à vingt ans et d'une amende de 5 000 000 à 50.000 000 de francs, quiconque, dans l'intention soit de promouvoir une cause politique, religieuse ou idéologique, soit de contraindre le gouvernement, un organisme ou une institution à engager une initiative ou à s'en abstenir, à adopter ou à renoncer à une position particulière ou à agir selon certains principes, commet ou menace de commettre un acte qui :

- porte atteinte à la vie ;

- cause des violences graves aux personnes ;

- occasionne de graves dommages à la propriété, aux ressources naturelles, à l'environnement ou au patrimoine culturel ;

- met en danger la vie d'une ou de plusieurs personnes ;

- crée un risque grave pour la santé ou la sécurité du public ou de toute autre partie du public ;

- expose le public à une substance dangereuse, radioactive ou nocive, à un produit chimique toxique ou à un agent microbiologique ou autre agent ou toxine biologique ;

- interrompt, perturbe, endommage ou détruit un système informatique ou la fourniture de services directement liés à une infrastructure de communication, des services bancaires et financiers, des systèmes de transport public ou des infrastructures clés ;

- perturbe la fourniture d'urgence essentielle telle que la police, la protection civile et les services médicaux ;

- porte atteinte à la sécurité publique ou à la sécurité nationale ;

- crée ou est susceptible de créer une situation de crise au sein des populations ou une insurrection générale.

SECTION II : Infractions connexes

ARTICLE 4 : Est puni d'un emprisonnement de dix à vingt ans et d'une amende de 5 000 000 à 50.000 000 de francs, quiconque recrute, par quelque moyen que ce soit, une ou plusieurs personnes pour faire partie d'un groupe criminel organisé en vue de participer à la commission des actes terroristes prévus à l'article 3 ci-dessus.

ARTICLE 5 : Est puni d'un emprisonnement de dix à vingt ans et d'une amende de 5 000.000 à 50.000 000 de francs, celui qui s'affilie à une association ou participe à une entente, quelle qu'en soit la durée ou le nombre de leurs membres, ayant pour but de préparer ou de commettre des actes terroristes

Bénéficie de l'excuse absolutoire, le membre de l'association qui, avant la commission des actes terroristes, révèle aux autorités l'entente établie ou l'existence de l'association.

ARTICLE 6 : Quiconque par geste, propos, cri ou menace, par écrit, image, dessin, imprimé, document, placard ou affiche ou tout autre moyen sonore ou visuel, soit dans un lieu public ou ouvert au public, soit par un moyen permettant le contact visuel ou auditif du public, provoque un acte terroriste ou incite à sa commission, est puni :

- dans le cas où cette provocation ou incitation est suivie d'effet, de la même peine que les auteurs de l'acte terroriste ;
- dans le cas où cette provocation ou incitation n'est pas suivie d'effet, de l'emprisonnement d'un à cinq ans et d'une amende de 300.000 à 3.000.000 de francs. La tentative est punissable.

ARTICLE 7 : La personne morale pour le compte ou au bénéfice de laquelle l'une des infractions prévues par la présente loi a été commise par l'un de ses organes ou de ses représentants, est punie d'une amende d'un taux égal au quintuple du maximum de celle encourue par les personnes physiques, sans préjudice de la condamnation de ces dernières comme auteurs ou complices des mêmes faits.

SECTION III : **Peines complémentaires**

ARTICLE 8 : La personne physique coupable de l'une des infractions prévues par la présente loi encoure les peines complémentaires suivantes :

- la confiscation générale des biens au profit de l'Etat, prévues par le code pénal ;
- l'interdiction de quitter le territoire national et le retrait du passeport pour une durée de six mois à trois ans ;
- la privation des droits prévus par le code pénal ;
- l'interdiction définitive ou pour une durée de trois à six ans d'exercer la profession ou l'activité à l'occasion de laquelle l'infraction a été commise et l'interdiction d'exercer une fonction publique.

ARTICLE 9 : La personne morale est également condamnée à la fermeture définitive des établissements ou de l'un des établissements de l'entreprise ayant servi à commettre des faits incriminés.

ARTICLE 10 : La décision de condamnation ordonne en outre : - la confiscation du bien qui a servi ou était destiné à commettre l'infraction ou du bien qui en est le produit ; - la publicité de la décision prononcée conformément aux dispositions du code pénal.

CHAPITRE III : PROCEDURE

SECTION 1 : Compétence et prescription

ARTICLE 11 : La poursuite, l'instruction et le jugement des infractions prévues par la présente loi, relèvent de la compétence exclusive du tribunal de première instance d'Abidjan et du parquet près ladite juridiction.

ARTICLE 12 : La juridiction nationale compétente connait des infractions prévues par la présente loi, même lorsqu'elles sont soumises hors du territoire national si :

- l'infraction a été commise en vue de contraindre le gouvernement à accomplir un acte quelconque ou à s'en abstenir ;
- la victime de l'infraction est ivoirienne ou agit pour le compte de l'Etat de Côte d'Ivoire.

ARTICLE 13 : Les officiers de police judicaire relevant des services nationaux chargés de la lutte contre le terrorisme ont compétence sur toute l'étendue du territoire national pour mener leurs investigations.

L'officier de police judicaire saisit de faits relevant un lien avec une activité ou un acte terroriste, en préparation ou commis, en informe sans délai le procureur de la République de la juridiction concernée, qui saisit aussitôt le procureur de la République spécialement compétent.

SECTION II : ENQUETE

ARTICLE 15 : Si les nécessités de l'enquête l'exigent, les officiers de police judicaire compétents, sur autorisation du procureur de la République procèdent à des perquisitions et saisies des pièces à conviction à toute heure de la nuit et en tout lieu, en vue d'y constater toutes infractions relatives à la présente loi.

Les officiers de police judicaire procèdent aux enquêtes en recourant notamment aux moyens ci-après :

- les interceptions de correspondances, y compris celles émises par la voie des télécommunications ;
- la mise en place de dispositifs techniques permettant la localisation des individus faisant l'objet d'enquête sans leur consentement ;

- la mise en place de dispositifs techniques ayant pour objet, sans le consentement des intéressés, la captation, la fixation, la transmission et l'enregistrement de paroles prononcées par une ou plusieurs personnes à titre privé ou confidentiel, dans des lieux ou véhicules privés ou publics, ou de l'image d'une ou plusieurs personnes se trouvant dans un lieu privé ;
- la mise en place de dispositifs techniques ayant pour objet, sans le consentement des intéressés, d'accéder, en tous lieux à des données informatiques, de les enregistrer, de les conserver, de les transmettre telles qu'elles s'affichent sur un écran pour l'utilisateur d'un système de traitement automatisé de données ou telles qu'il les y introduit par saisie de caractères.

A peine de nullité, ces mesures spéciales d'enquête doivent être autorisées par ordonnance motivée du président du tribunal de première instance d'Abidjan ou du juge par lui délégué, sur requête du procureur de la République. L'ordonnance prévue à l'alinéa précédent n'est pas susceptible de recours.

ARTICLE 16 : Les données à caractère personnel étrangères aux infractions prévues par la présente loi ne peuvent être conservées dans le dossier de la procédure. Elles sont détruites à la diligence du procureur de la République.

ARTICLE 17 : Si pour les nécessités de l'enquête, l'officier de police judicaire est amené à garder à sa disposition une ou plusieurs personnes contre lesquelles existent des indices faisant présumer qu'elles ont participé à la commission de l'infraction, il ne peut les retenir plus de quatre-vingt-seize heures. Il en informe, dès le début de la garde-à vue, le procureur de la République.

Le procureur de la République peut accorder, par écrit, l'autorisation de prolonger la garde-à-vue d'un nouveau délai de quatre-vingt-seize heures. A l'issue de ce délai, les personnes gardées à vue sont soit déférées devant le procureur de la République, soit remises en liberté.

SECTION III : Instruction et jugement des actes terroristes

ARTICLE 18 : Les dispositions de l'article 15 de la présente loi sont applicables au cours de l'instruction préparatoire. Le juge d'instruction procède ou fait procéder à l'accomplissement des mesures d'enquête prévues à l'alinéa 2 dudit article, sans autorisation préalable.

CHAPITRE IV : COOPERATION

ARTICLE 19 : Les secrets professionnels et bancaires ne peuvent être invoqués pour faire obstacle aux enquêtes et aux poursuites sous peine d'obstruction à la justice, punie de l'emprisonnement d'un à trois mois et d'une amende de 100.000 à 1.000.000 de francs.

ARTICLE 20 : L'entraide la plus large possible est accordée aux Etats parties aux conventions contre les actes terroristes et la criminalité organisée ou à toute autre convention de lutte contre le terrorisme à laquelle la Côte d'Ivoire est partie, sous réserve de réciprocité, en matière d'enquêtes, de poursuites judicaires et de recouvrement des biens et avoirs confisqués.

Les procédures de demande d'extradition et d'entraide judiciaire établies aux termes desdites conventions sont appliquées dans le cadre de la coopération internationale en matière de lutte contre le terrorisme.

La coopération s'inscrit dans le cadre des conventions bilatérales et multilatérales conclues entre la Côte d'Ivoire et d'autres Etats.

Source : *Journal Officiel de la République de Côte d'Ivoire* : Loi n°2015-493 du 7 juillet 2015

TABLE DES MATIERES

L'Afrique

aux éditions L'Harmattan

Dernières parutions

ETHNIES, NATIONS ET DÉVELOPPEMENT EN AFRIQUE : QUELLE GOUVERNANCE ?
Actes du colloque de Brazzaville (Congo), du 26 au 28 mai 2014
Sous la direction de Hugues Mouckaga, Scholastique Dianzinga, Jean-François Owaye
En 1962, quelques années seulement après que la parenthèse coloniale eut commencé à se fermer, un agronome français, René Dumont, osa ce pronostic : « l'Afrique noire est mal partie ». Que de protestations ! Pourtant, plus de 50 ans après les indépendances, le continent africain est à la peine et patine. L'explication : la mal gouvernance. Du fait de ses ethnies, l'Afrique fait face à un épouvantable écueil ! Elle n'arrive pas à se constituer en nations ! Il importait donc d'agir, de réfléchir autour de cette problématique.
(Coll. Études africaines, 55.00 euros, 704 p.)
ISBN : 978-2-343-05785-9, ISBN EBOOK : 978-2-336-37944-9

ÉLECTIONS, VOTE ET REPRÉSENTATION POLITIQUE DES AFRICAINS DE L'ÉTRANGER
Suivi du *Guide des opérations électorales en dehors des frontières nationales*
Wongo Ahanda Antoine
Quels sont aujourd'hui les types d'élections, les mécanismes et les procédures du vote à l'extérieur adoptés par les pays africains ? Dans cet ouvrage, qui fait la synthèse des connaissances et des pratiques du vote à l'extérieur et de la représentation politique des Africains de l'étranger, l'auteur entend apporter une contribution pédagogique au processus d'appropriation de la citoyenneté externe par les États africains. Un ouvrage qui intéressera les leaders africains, les migrants africains et tous ceux qui sont impliqués dans le processus de vote à distance à travers l'Afrique et les pays d'immigration.
(Coll. Études africaines, 21.00 euros, 202 p.)
ISBN : 978-2-343-02009-9, ISBN EBOOK : 978-2-336-38129-9

MANUELS SCOLAIRES, ENVIRONNEMENT INFORMATIF ET NUMÉRIQUE AU SERVICE DE LA LECTURE
Enjeux nouveaux pour une école émergente
Thioune Birahim - Préface de Michèle Verdelhan Bourgade
Aujourd'hui, l'environnement socioculturel s'est complexifié du fait de l'émergence de technologies nouvelles qui ont envahi l'univers des apprenants et qui se révèlent, dans les espaces d'éducation et de formation, à la fois comme

des promesses d'enrichissement et des menaces. Ce livre fixe quelques contours de l'utilisation des TIC (Technologies de l'Information et de la Communication) et des limites à observer dans leur application, sous peine de mettre en péril tout un patrimoine pédagogique.
(16.50 euros, 164 p.)
ISBN : 978-2-343-06236-5, ISBN EBOOK : 978-2-336-37731-5

L'ÉCOLE, GAGE DU DÉVELOPPEMENT DE L'AFRIQUE
Zénith Laurent - Préface de Mathias Eric Owona Nguini
Si plusieurs facteurs et secteurs sont à considérer pour sortir rapidement l'Afrique de son retard, le domaine scolaire revêt une importance capitale. Malheureusement, ce levier du développement qu'est l'école regorge de nombreuses tares dans la quasi-totalité des pays subsahariens. Un système académique bien pensé participerait fortement à l'essor de l'Afrique. À partir de propos, témoignages et de cas vécus, l'auteur met à nu tous les manquements qui handicapent l'émergence de ces pays.
(Harmattan Cameroun, 16.50 euros, 158 p.)
ISBN : 978-2-343-06203-7, ISBN EBOOK : 978-2-336-38133-6

LE CAMÉLÉON ET LA MORT EN AFRIQUE
Eschenlohr Nicole
La question de la mort hante nos esprits rationnels. Pour mieux maîtriser cette angoisse existentielle, les civilisations traditionnelles ont détourné le problème en attribuant une origine à cette mort : pourquoi et comment est-elle apparue ? En réponse à ses interrogations, la mythologie africaine, riche de liens tissés entre les hommes et les animaux, a désigné un responsable qu'elle a placé au cœur de ses récits et légendes : le caméléon. Accusé de lenteur, sa défense repose sur l'inéluctabilité de la mort...
(Coll. Ethnographiques, 14.00 euros, 132 p.,)
ISBN : 978-2-343-05818-4, ISBN EBOOK : 978-2-336-37485-7

APPROCHE CRITIQUE DU DÉVELOPPEMENT EN AFRIQUE SUBSAHARIENNE
Zagre Ambroise
Le sous-développement de l'Afrique subsaharienne constitue une préoccupation majeure pour les pays concernés, la communauté internationale, les milieux intellectuels et la société civile. Cet ouvrage interroge la notion de développement et envisage l'avenir de ce sous-continent vers un nouveau paradigme de développement : l'»auto-développement humain», capacité des sociétés à se développer en comptant d'abord sur leurs forces intérieures, leur capacité de création et leurs potentialités matérielles et spirituelles.
(Coll. Politique et dynamiques religieuses en Afrique, 27.00 euros, 260 p.,)
ISBN : 978-2-343-05939-6, ISBN EBOOK : 978-2-336-37427-7

LA PRÉCARITÉ QUOTIDIENNE EN AFRIQUE DE L'OUEST
Culture et développement
Ernoux Jules - Préface de Michaël Singleton
Cet ouvrage propose des tranches de vie prises sur le vif dans la population, plutôt urbaine, de Côte d'Ivoire, de Guinée et du Niger. À l'issue de 33 séjours

riches de rencontres collectives et individuelles, l'auteur s'interroge : comment vivre au jour le jour dans le manque permanent, seulement soucieux de manger à sa faim, de sauvegarder une santé précaire, de confier ses enfants à des écoles surpeuplées, de vivre dans l'insécurité d'un pays où l'État de droit n'est qu'une illusion ?
(Coll. Écrire l'Afrique, 15.50 euros, 154 p.)
ISBN : 978-2-343-05748-4, ISBN EBOOK : 978-2-336-37417-8

LE MARKETING DE RUE EN AFRIQUE
Mouandjo Lewis Pierre
Cet ouvrage, abondamment illustré d'exemples, se veut un outil pédagogique pour faciliter la compréhension de ce «Marketing de rue» tant développé par ses acteurs en Afrique. Son but est de mettre à la disposition des étudiants et responsables d'entreprises un manuel leur permettant de saisir les opportunités qui leur sont offertes par ce nouveau marché que représente la rue et où se déroulent des pratiques commerciales «agressives» et une concurrence farouche entre les entrepreneurs individuels, les grandes sociétés et les Petites et Moyennes Industries.
(Coll. Études africaines, 44.00 euros, 512 p., Illustré)
ISBN : 978-2-343-05770-5, ISBN EBOOK : 978-2-336-37547-2

L'AGENCE SPATIALE AFRICAINE
Vecteur de développement
Ouedraogo Sékou - Préface de Jean-Loup Chrétien
L'Algérie est en train de finaliser la conception de son premier satellite national ALSAT2B qui devrait être entièrement conçu par ses ingénieurs. Le Nigéria veut envoyer un astronaute dans l'espace avant la fin 2015. Qui peut le croire ? Et pourtant, l'Afrique possède des agences spatiales nationales crédibles et des organisations panafricaines qui travaillent sur le sujet. Pour utiliser efficacement ces applications spatiales au service du développement, l'auteur défend la création d'une Agence Spatiale Africaine.
(Coll. Diplomatie et stratégie, 18.50 euros, 188 p.)
ISBN : 978-2-343-05942-6, ISBN EBOOK : 978-2-336-37375-1

UN CHEF-D'ŒUVRE DES ARTS D'AFRIQUE
La plateau de Fa (golfe du Bénin), collection Christoph Weickmann Ulm, 1659
Biton Marlène-Michèle
Dans cet ouvrage, l'auteur a tenté de mener une enquête sur un plateau de divination provenant des côtes de Guinée, importé il y a 350 ans à destination du cabinet de curiosités d'un marchand d'Ulm, Christoph Weickmann. Il s'agit d'abord de replacer cet objet dans son contexte historique et culturel et de retrouver les conditions de son arrivée en Europe. L'auteur entreprend également une analyse plastique précise ouvrant des perspectives sur les modalités de représentations utilisées et l'accès à une mythologie foisonnante.
(Coll. Ethnoesthétique, 30.00 euros, 290 p.)
ISBN : 978-2-343-04282-4, ISBN EBOOK : 978-2-336-37491-8

DE LA CEAO À L'UEMOA
Ou la genèse d'une intégration sous-régionale réussie
Sawadogo Fatimata - Préface de Cheikhe Hadjibou Soumaré
Cet ouvrage est un solide argumentaire de la trajectoire de l'intégration ouest-africaine. Cette analyse historique sur les principales organisations qui ont précédé la CEAO (Communauté économique de l'Afrique de l'Ouest), se concentre sur les acquis et les insuccès de cette dernière. L'auteur analyse le passage de la CEAO à l'UEMOA (Union économique et monétaire ouest-africaine) pour mieux démontrer les grandes avancées sur le difficile chemin de l'intégration sous-régionale. Elle insiste sur le bilan positif de l'UEMOA eu égard aux nombreuses actions concrètes dans tous les secteurs de la vie socio-économique au profit des populations.
(15.50 euros, 152 p.,)
ISBN : 978-2-343-05985-3, ISBN EBOOK : 978-2-336-37437-6

CHEIKH HAMAHOULLAH – Homme de foi et résistant
L'Islam face à la colonisation française en Afrique de l'ouest
Traoré Alioune
Cheikh Hamahoullah fut l'un des principaux propagateurs du tijânisme en Afrique occidentale. Il mena un combat inlassable pour la liberté et la dignité des peuples d'Afrique pendant la période coloniale. En s'appuyant sur des documents d'archives, la tradition orale africaine et des manuscrits conservés par les fidèles et les adversaires du Cheikh, l'auteur rejette l'image d'un Hamahoullah agitateur sans culture et sans foi, que répandaient complaisamment les rapports des administrateurs coloniaux.
(34.00 euros, 404 p.)
ISBN : 978-2-343-04694-5, ISBN EBOOK : 978-2-336-37070-5

QUELLE AFRIQUE POUR LES JEUNES ?
Lettre ouverte
Barry David
Ce livre est une lettre ouverte d'un panafricaniste convaincu. Il s'adresse aux jeunes, car ce sont eux qui peuvent encore nourrir de grands rêves et qui ont encore la capacité de s'indigner. Le panafricanisme est pour l'auteur la seule voie royale qui permettra aux jeunes de retrouver une certaine cohérence, un sens et surtout de reprendre l'initiative. Cette lettre ne comporte pas de recettes mais propose une démarche en fournissant des repères.
(Harmattan Burkina Faso, Coll. L'Harmattan International Burkina Faso, 16.50 euros, 166 p.,)
ISBN : 978-2-343-06009-5, ISBN EBOOK : 978-2-336-37484-0

L'HARMATTAN ITALIA
Via Degli Artisti 15; 10124 Torino
harmattan.italia@gmail.com

L'HARMATTAN HONGRIE
Könyvesbolt ; Kossuth L. u. 14-16
1053 Budapest

L'HARMATTAN KINSHASA
185, avenue Nyangwe
Commune de Lingwala
Kinshasa, R.D. Congo
(00243) 998697603 ou (00243) 999229662

L'HARMATTAN CONGO
67, av. E. P. Lumumba
Bât. – Congo Pharmacie (Bib. Nat.)
BP2874 Brazzaville
harmattan.congo@yahoo.fr

L'HARMATTAN GUINÉE
Almamya Rue KA 028, en face
du restaurant Le Cèdre
OKB agency BP 3470 Conakry
(00224) 657 20 85 08 / 664 28 91 96
harmattanguinee@yahoo.fr

L'HARMATTAN MALI
Rue 73, Porte 536, Niamakoro,
Cité Unicef, Bamako
Tél. 00 (223) 20205724 / +(223) 76378082
poudiougopaul@yahoo.fr
pp.harmattan@gmail.com

L'HARMATTAN CAMEROUN
BP 11486
Face à la SNI, immeuble Don Bosco
Yaoundé
(00237) 99 76 61 66
harmattancam@yahoo.fr

L'HARMATTAN CÔTE D'IVOIRE
Résidence Karl / cité des arts
Abidjan-Cocody 03 BP 1588 Abidjan 03
(00225) 05 77 87 31
etien_nda@yahoo.fr

L'HARMATTAN BURKINA
Penou Achille Some
Ouagadougou
(+226) 70 26 88 27

L'HARMATTAN SÉNÉGAL
10 VDN en face Mermoz, après le pont de Fann
BP 45034 Dakar Fann
33 825 98 58 / 33 860 9858
senharmattan@gmail.com / senlibraire@gmail.com
www.harmattansenegal.com

L'HARMATTAN BÉNIN
ISOR-BENIN
01 BP 359 COTONOU-RP
Quartier Gbèdjromèdé,
Rue Agbélenco, Lot 1247 I
Tél : 00 229 21 32 53 79
christian_dablaka123@yahoo.fr

Achevé d'imprimer par Corlet Numérique - 14110 Condé-sur-Noireau
N° d'Imprimeur : 131661 - Dépôt légal : septembre 2016 - *Imprimé en France*